JN083222

東大の先生！

超わかりやすく
ビジネスに効く
アート
を教えてください！

東京大学教授 三浦俊彦
聞き手 郷和貴

かんき出版

はじめに

　ビジネス界隈で、最近やたらと耳にする言葉がある。

「アート」だ。

　私は仕事柄、スタートアップ関係者に取材することが多い。すると「イノベーションってやっぱり、"アート思考"がカギになるじゃないですか」なんてことをサラッと言われるのだが、正直ピンとこない。
「ロジカル思考」が流行ったときのように、「いまイケてるビジネスパーソンが押さえる知識なんだろうなぁ……」「ジョブズみたいな感じ？」といった印象はあるけど、それだけだ。

　なんなんだ、アート。

　だからそんなときは、うそくさい笑顔をつくって「そうっすね〜」と適当に返答するしかない。腹の中では「早く話題変えてー」とハラハラしながら……。

　そんなある日、いつもの編集者からメッセージが届いた。

 今度、アートの本をつくろうと思うんです。
アートについて詳しいですか？

アート、キターーーー！！！

と心のなかで叫びつつ、正直に話すことにした。

小さいころからイラスト（落書き）を書くのは好きなこと。

前職ではデザイン系の仕事をしていたこと。

ちょっと前にブームになった「デザイン思考」についても、興味と若干の知識はあること。

かといって、**アートが好きかと言われると、1ミリも興味がないし、知識もない**ということまで。

ぶっちゃけ美術館なんて、「意中の女性をデートに誘うときの口実」くらいのものでしかなかった。

休日に身銭を切って1人で美術館には……行かない。そもそも、そんな発想すら湧かない。

つまり、私はまったくアートに関心はないのだ、と。

ここまでぶっちゃけたのに、編集者からは予想外の返答が。

「あー、めっちゃわかります！　私もアートってさっぱりわからなくて〜。でも、これからの時代、知っておいたほうがいいですよね？　見つけたんですよ、アートについて教えてくれる超面白い先生を！　郷さん、ラッキーですね♪」

じゃ、行きましょう!
もう、アポとってあるんで!!

　ちなみにこの編集者、人当たりはいいが押しが強い。そして、半分くらい人の話を聞いていない。

　私は半ば強引に東京大学本郷キャンパスに連れていかれ、「アート」を学ぶこととなった。

　今回の先生は、東京大学文学部美学芸術学研究室の三浦俊彦教授。

　大学教授になってから小説家デビュー。専門の学術書を出す前に小説のほうで3回も芥川賞候補になった変わりダネで、現代アートに造詣（ぞうけい）が深く、サブカル系雑誌などにも積極的に寄稿されているらしい。おまけに、『涼宮ハルヒ（すずみや）の憂鬱（ゆううつ）』というラノベを哲学的に分析した本まで書いているというではないか……。

　たしかに、面白い話が聞けそうだ。

　老朽（ろうきゅう）化（か）と増改築の結果、ダンジョンにしか思えない東大の廊下をウロウロとさまよいながら、美学研究室を目指しつつ、改めてスマホで先生のプロフィールを読み返す。

　「可能世界論によるフィクション論をはじめ、論理分析哲学を芸術学に応用する研究を進めてきた」

……すがすがしいほど、意味がわからない。

「本当に、聞き手は私でいいのだろうか……？」という不安はあったものの、かすかな期待もあった。

もしかしたら、長年ぼんやりとしか輪郭がつかめなかったアートという存在が身近な存在になるかも……そして、アート思考に目覚められるんじゃないか？

その結果、めちゃくちゃイケてるビジネスパーソンにバージョンアップできるかもしれない……。

一抹の不安を抱きつつも、期待で胸が高鳴っていたことも事実だ。

結論から言おう。

最終日まで講義を受けた感想としては、「受けてよかった！」だけでなく、**「人生の見え方が変わった！！」**とはっきり言える。アート鑑賞への気持ちも創作意欲も高まりまくりで。

アートは、「ものの見方」や「価値観」を180度変える。いい意味で、たくさん裏切られるから、自分が思っていた以上に「先入観」や「習慣」にとらわれていたことにも気づくことができた。

いや、マジですごいっす。なめてました……アートの力。

みなさん、どうか最後まで読んで、「デートの口実くらいでしか美術館を利用しなかった男」がどう変わったのか？　その変わりっぷりを見てください。そして、みなさんが変わるきっかけになればうれしいな、と思います。

人生ではじめてアートの価値がわかった

郷 和貴

Contents

東大の先生！
超わかりやすくビジネスに効く
アートを教えてください！

はじめに ……………… 2

登場人物紹介 ……………… 14

いま流行りの「アート」って何？

1日目

なぜ「アート」がこんなに注目されているんですか？

1時間目

アートって……つまりなんなの？ ……………… 16

世界は「枠組みを壊し→バージョンアップ……」を
繰り返している ……………… 19

いままでの「王道」が
通じなくなってきたビジネス ……………… 22

ビジネス革命期の救世主「アート」……………… 24

2 時間目
アートとデザインって
違うんですか?

デザインはアートの子分? ·············· 28

「作品自体」が目的のアートは、
個性が爆発していい ·············· 30

コラムまんが　プレゼントはアート♪ ·············· 37

3 時間目
結局アートって、
なんの役に立つんですか?

アートに「実用性」が感じられない理由 ·············· 38

アートの効用①　「教養」としてのアート ·············· 42

大人の知性を感じさせるアートという教養 ·············· 42

アートの効用②　「刺激材」としてのアート ·············· 45

クリエイティブな人は「引き出し」が多い ·············· 45

現代アートで、
「古い価値観」を揺さぶりまくれ! ·············· 46

遺伝子が発現するきっかけをアートでつくる ·············· 48

アートの効用③
「人生の本番」としてのアート ·············· 51

「効率第一」の現代に
ストップをかけてくれる ·············· 51

アートは「アート自体」が目的 ·············· 54

2日目 美術だけじゃない！ アートの種類と価値はいろいろある

1時間目 アートは大きく3つに分類される

知っておきたいアートの分類法 ………… 58

分類① ハイアート・ローアート ………… 59

分類② 視覚芸術・言語芸術・聴覚芸術 ………… 62

分類③ 純粋芸術・合成芸術 ………… 65

三浦先生のひとりごと 「刺激的！」かは、経験値による ………… 69

2時間目 アートの価値はどんなふうに決まるの？

アートの市場価値はどう決まる？ ………… 70

意外!? めっちゃロジカルなアートの世界 ………… 74

「意味」を見出されると、価値は爆上がりする ………… 76

ビジネス化がより顕著になっている現代アート ………… 80

三浦先生のひとりごと 「表現の不自由展」から学べること ………… 84

アートに「社会的な価値」などはいらない ………… 86

有害でも許されるのはアートだからこそ ………… 89

変人をつらぬいた芸術家たち ………… 91

アートとは時代の巨大な受け皿である ………… 94

（三浦先生のひとりごと）アートだったらなんでも……許される! ………… 98

3日目

教養としてのアート
アートは進化論で学ぶと超面白い!

1時間目

超面白く「アートの始まり」を教えてください!

アートが生まれた理由を「進化」から考える ………… 100

動物にも「美意識」がある ………… 103

豪邸をつくってしまうアーティストな鳥 ………… 105

アルタミラ洞窟の絵が描かれたのは「モテ」のため!? 107

創作に熱心なのは男、鑑賞能力が高いのは女 ………… 112

人の遺伝子は5000年ぽっちでは変わらない ………… 114

（三浦先生のひとりごと）なぜ、人間は女性が「飾る性」になった? ………… 117

2
時間目

パラダイムで見る
ざっくりアート史

「パラダイム転換」で見ると美術史は超新鮮！ ………… 118

①再現主義「もっとリアルに描こう！」 ………… 121

②世俗主義「宗教以外のことも描きたい」 ………… 123

③表現主義「人の感情を描こう」 ………… 124

④形式主義
「描いた作品そのものに価値がある」 ………… 125

⑤手法中心主義「作品の描き方にこだわる」 ………… 126

⑥コンセプト主義「作品の哲学に価値がある」 ………… 128

⑦プロジェクト主義
「作品をつくる流れそのものがアート」 ………… 128

次の転換でアートの価値はどう変わる？ ………… 129

「グローバル化」が進むと自由が失われる？ ………… 133

コラムまんが 集中が過ぎる！ 三浦先生 ………… 136

4 日目 刺激材としてのアート
現代アートの魅力を教えてください！

1 時間目 見かけよりも哲学で勝負！現代アート

現代アートの系譜を知る ·············· 138

便器を「アート」と言った男、デュシャン ·············· 140

自作自演だったデュシャンの「泉」·············· 142

2 時間目 現代アートの世界観を教えてください！

見なくてもわかる芸術作品 ·············· 148

ほぼ無音の名作「4分33秒」·············· 154

期待とのギャップを楽しむコンセプチュアル・アート ·············· 158

現代音楽で流すのは······冷蔵庫の機械音？ ·············· 161

微差を楽しむアート体験 ·············· 163

ノーリスクで自分がガラッと変われる冒険 ·············· 166

コラムまんが　マニアックが過ぎる！三浦先生 ·············· 171

三浦先生のひとりごと　日本人は「侘び寂び」で現代アート体験をしていた ·············· 172

5日目 人生の本番としてのアート・前編

アート鑑賞の
すすめ

1 時間目 見て、聴いて体験しよう！
アートの世界

無駄なものを楽しむゆとりのない現代人 ············ 174

アートで「いまの自分」を客観視できる ············ 177

「アート=感情を揺さぶる」ワケではない ············ 180

アート観賞は「競い合う場」ではない ············ 182

「解釈」と「鑑賞」はまったく違う ············ 184

アートは触れるほど「感度」が上がる ············ 186

若いときの趣味はアテにならない ············ 188

2 時間目 初心者におすすめの
現代アートを教えてください！

まずは違うジャンルの文学に
チャレンジしてみる ············ 192

アート初心者におすすめは現代工芸 ············ 194

強い刺激が欲しいなら「バーチャルドラッグ」 ············ 196

えり好みせずに、まずは行ってみる ············ 198

最終日

人生の本番としてのアート・後編

全員がアーティストになる時代

1時間目 アートを創作する意味を教えてください!

人生100年時代を楽しく生きるための趣味 202

鑑賞は経験値、創作は勢いが必要 203

男も女も「何かをつくりたい!」 205

「発言小町」がまったく新しい表現の場に 207

TwitterやInstagramがアートになる時代 209

鑑賞能力があれば、創作ができる時代に! 212

制約こそ、創造性を高める最強の道具 214

あとがき 218

本文デザイン&図版●高橋明香(おかっぱ製作所)
イラスト●meppelstatt
写真●アフロ(p34、p77、p81)、Kathinka Pasveer(p88)、
　　　123RF(p121)、パパマニラ(p126)、ピクスタ(p219)
校正●加藤義廣(小柳商店)

登場人物紹介

教える人
三浦俊彦先生
（みうらとしひこ）

東京大学文学部
美学芸術学研究室 教授

東大で美学を学び、平成最初の年に女子大の教職に就き、哲学研究と芸術活動を経て、美学の教授として東大に戻ってきた、生粋のアート研究者であり実践者。
研究対象は、現代アートからサブカルまで幅広い。
毎日300錠以上のサプリメントを飲んでいる。髪の毛は紫色。

教わる人
私（郷和貴）
（ごうかずき）

文系だけど文化的ではない物書き

アートに興味はなく、美術館はもっぱらデート用途だったが、ビジネスにも「アート」の素養が必要になってきたことを知り、今回の仕事を受けてみることに。

担当編集者
「アートがさっぱりわからない」という自分の悩みを解消するために、今回も私を巻き込む。

Miura
LABO

1

日目

いま流行りの
「アート」って何？

1 時間目

なぜ「アート」が こんなに注目されて いるんですか?

最近、「アートは教養」といったトレンドがあります。でも、みなさんはアートがなんなのか、きちんと理解できていますか? まず、ここでは「アート（芸術）の正体」を明かすことから始めてみましょう。

⇨ アートって……つまりなんなの?

 先にぶっちゃけますが、私、アートに「超」うとい人間なのでアホな質問もすると思いますが、怒らないでください。

 全然お気になさらず!

 さっそくなんですが、最近ビジネスパーソン向けの本やワークショップ、ネット記事などで **「アート」** という言葉をよく見かけるようになりました。

先生……**アートってなんですか？？？**

……直球がきましたねぇ（笑）。

いや、「現代美術展に行く」だとか、「イケてるデザイン展に行く」だとか、「ちょっとハイソでアッパーな趣味」といったイメージでしか「アート」をとらえていなくて……。じゃあ、そもそもアートってなんだよ？　と思っちゃったんですよ。

なるほど。**ひとことで言うなら、**アートは「**常識をブチ壊す工夫**」です。

え……？　「美しい」とか「感動する〜」じゃなく？

はい。**本来、「いまある概念を壊す工夫」ですよ。アートの役割は。**だから、別に美しい必要はないワケです。**エロでもグロでも、不快なものでもいい。**驚きを与えて、人の価値観を揺さぶるものであれば、アートとしての価値は高い。

 マジっすか。西洋美術だとか観て「美しいな〜！　この絵」なんて感心することではなく、「な、な、なんだ？ここに描かれているものは？」と驚きが深いほうが、よりアートだと。

 そうそう。

 ふえ〜〜。いきなりビックリしました。話の続きが楽しみなんですが……。私、はじめて先生とお会いしたときに強い驚きがあったんですけど……、もしかして**先生のその紫色の髪の毛もアート……???**(ゴクリ)

 あ、コレ？　すごいでしょ？

？やっぱり、東大教授でありながらも、「長いものに巻かれないぞ！」みたいな自己表現で……？

これねぇ、白髪染めコンディショナーを使っていたら、「紫」になっちゃったんだよね〜。

（ズコっ）……あ、でも、めっちゃお似合いです……。

世界は「枠組みを壊し→バージョンアップ……」を繰り返している

ところで、ここ最近の「アート、アート！」という盛り上がりって、なんなんでしょう？

個人的にはアート鑑賞や創作ほどすばらしい趣味はないと思っているので、アートに興味を持つ人が増えることは素直にうれしいですけどね〜。

ただ、アートって昔からありますよね。「なんでいま？」という感じがしないでもなくて……。

AIの台頭やテクノロジーの進化で、世の中が大きく変わっているいま、「新しいことを仕掛けないと、存在価値がなくなるかも……」という危機感を抱く人に、**アートの持つクリエイティブな側面が刺さっている**のではないでしょうか。

 ああ、たしかに。閉塞感があるいまなら、先生のおっしゃった**「常識の破壊」**も意味を持ちそうですね。

 まぁ、長い目で見ると、アートの流行も周期的なものかなぁと思います。というのも、科学の世界にはトーマス・クーンが提唱した「パラダイム理論」というものがあってね……（満面の笑み）。

 ちょ…先生、先生！ これ、東大生向けの授業じゃないので、お手柔らかにお願いします……。

 パラダイムというのは「固定化された枠組み」のこと。「その時代の常識」と言ったらいいかな。

 ああ、「その時代に、当たり前とされていること」って意味ですね。

 そうそう。どんな科学にもある「枠組み」があって、そのなかで「やり方」をバージョンアップしていく「改善期」と、枠組み自体を飛び出して新しいやり方を見つける「革命期」の2段階があって、それを交互に繰り返し

ているんですよ。それが「パラダイム理論」。で、枠組みが変わるタイミングを**「パラダイムシフト」**と言います。

あ、聞いたことあるかも！ 天動説では天空が動いている考えが当たり前だったのに、地動説になってからは「地球のほうが回っている」が常識になったとか……？

そう！ まさにそれが「パラダイムシフト」。

➡ いままでの「王道」が通じなくなってきたビジネス

 科学ではなく、ビジネスの話で「パラダイムシフト」を考えてみましょう。経営学というジャンルのなかで「こうやれば利益が出て、会社を存続させられる」というやり方（パラダイム）がいろいろと確立されてきました。

 たとえば……終身雇用制度とか？

 そうですね。そういう「組織論」もあるし、大量生産・大量消費のような「収益モデル」の話やテレビ CM を打ちまくる「マーケティング手法」の話もありますよね。「経営」ひとつをとっても技法はいろいろあるワケです。

 「これが経営の王道！」みたいな。あるなぁ〜。

 でも、いまの時代、「終身雇用」も「大量生産」も「テレビ CM」も、古い感じがしません？

 たしかに、「昭和」の香りが……。私が小さい頃は人気のあるテレビ CM の BGM を口ずさんだものですが、いまの小学生の情報源は YouTube って気がします。第一、経団連の会長が「終身雇用はもう限界です」って言っていますもんね。

\限界で〜す/

ですよね（笑）。だからいま**ビジネスの世界って明らかに「革命期」に入っている**ワケです。AIやロボットがこれだけ進化してきているうえに、5Gで超高速通信が可能になる社会になるわけですから、**生活も、ビジネスの前提も、ガラッと変わる**。

私たちも「いままでの常識」を捨てないといけない……。

「価値観」「スタイル」「発想の仕方」「勝ちパターン」なんでもいいのですが、新しいパライダムにシフトしないといけなくなるでしょうね。

捨てるのはいいとしても、**「新しい時代の常識」を創り出すのって超むずかしそう**……（汗）。

そのとおり！　だから、革命期はどうしても試行錯誤の連続。混沌とした時代になるのは避けられません。

もしかして、**「イノベーション」**も、同じ意味ですか？　アップルのスティーブ・ジョブズが成し遂げた偉業は「イノベーション」なんて言われていますけど……。

はい、「機能不全を起こしている古い常識をぶっ壊して、新しい常識を確立しましょう」という意味なので、同じです。ただ、**何が正解なのかわからないのでイノベーションを起こすのは簡単ではない。**

 「次の王道」がハッキリするまでは、私みたいな凡人は右往左往せざるを得ないんですね……ううう。

 「パラダイムシフト」「イノベーション」はビジネスに限らず、政治でも教育でも必要になってきています。その**打開策のヒントが「アート」にある**と思うんです。

➡ ビジネス革命期の救世主「アート」

 ジョブズしかりですけど、「イノベーター」ってやっぱりちょっと特殊なイメージがありますよね。**「天才」と「変人」って紙一重なんだな**……って（笑）。

 たしかにね（笑）。「革命期」には、いままでの常識や価値観を問い直すような、一見しただけでは理解できないものにあえて挑戦するという姿勢が必要になってきますから。

理解できないものに挑戦するというのは、「変人」に見えちゃうだろうなぁ。

 「大きな発想の転換」をするために、アートの果たす役割は、決して小さくないと思うんですよね。

 それって、「アートそのもの」というより**「自分の知らない世界を知っていこう」という姿勢が大事**だということですか？　アートじゃなくてもいい？

 もちろんアート単体の価値もあるんですけど、いまの時代の「ビジネスとアートの関係」という文脈では、**マインドセット**というか、**気持ちの持ちよう**の面が大きい。

 考え方を変えていかなきゃ！　ってことですね。

 そうなんです。でね、改善期の「アート」の場合、大衆向けに洗練された、わかりやすい小説や映画といった「娯楽芸術」が増えるんですよ。大衆向けのほうがリフレッシュにもなるし、仕事の成果に直結することが多いんです。

え……っ？　アートなのに？　なぜですか？

 なぜなら、**改善期においては常識を疑わないほうが効率的だから**。保守的な人の価値が高いんです。

 ルーチンをこなしたほうが伸びる時期の組織に**「個性の強い変わり者」がいっぱいいても邪魔**ですもんね（笑）。

 改善期というのは深く考えなくても安心して寄りかかれる「軸」があるワケですが、革命期に入るとそれがなくなったり、揺らいだりする。何が正解なのかもよくわからないから自立していない人や視野が狭い人ほど迷ってしまうんです。

 いきなりレールがなくなって、「あとは自分で考えて進んでね♪」と急に言われたら、私も迷います……。

 そりゃそうですよ〜。ある程度の年になると、何十年も慣れ親しんだパラダイムを飛び出したり、新しいパラダイムに乗り換えるのは大変。思考が凝り固まっていますからね。

え……、そんな**「凝り固まり系」の中高年**
でも、アートで変われますか？（ゴクリ）

そうなってほしいし、アートのそもそもの役割を考えれ
ば、変わっていけるはずですよ！

うわぁぁ、マジっすか。生まれてからアートと無縁だっ
た人に「ちょっとアートの世界を見てみようかな……」
と背中を押せるかもしれませんね！！ 　私も含めて……（小
声）。

今回のゴールは、**いままでアートとは縁遠かった人に、**
「次の休日に美術館に行ってみようか
な」と思ってもらうことにしましょう！
話もひたすらシンプルに、「アートとは何か？」と「アー
トの効用」という話の２つにできるだけフォーカスして
いきますね。

先生〜。それ、めっちゃ素敵です……！（感涙）

2 時間目 アートとデザインって違うんですか？

「アート」というと、「意匠を凝らしたもの」「デザインが優れているもの」などを想像する方もいるかもしれません。しかし、実は「アート」と「デザイン」は似て非なるものって知っていました？　よくある誤解を解いていきます。

➡ デザインはアートの子分？

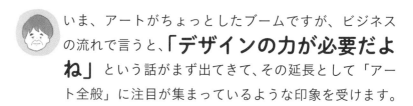

いま、アートがちょっとしたブームですが、ビジネスの流れで言うと、**「デザインの力が必要だよね」** という話がまず出てきて、その延長として「アート全般」に注目が集まっているような印象を受けます。

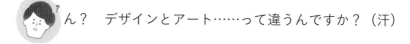

ん？　デザインとアート……って違うんですか？（汗）

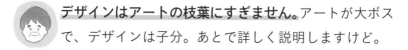

<u>デザインはアートの枝葉にすぎません。</u>アートが大ボスで、デザインは子分。あとで詳しく説明しますけど。

たしかに**アートは「クリエイティブの総本山」**みたいなイメージがありますね。

 ではここで「アートとデザインの違い」を先にはっきりさせておきましょう！「アーティストとデザイナーの違い」と言ってもいいですが。

 私も含め、混同している人が多いと思うので、ぜひ。

 まず大前提として、デザインはアートからスピンアウトした一領域ということ。アートは太古の昔からあるもので、その**「アートの要素を実用品に応用したもの」がデザイン**。だからデザインのことを「応用芸術（Applied Art）」と言って、純粋なアートのことを「純粋芸術（Fine Art）」と言ったりするんです。

 純粋な芸術と応用した芸術……。わかるような、わからないような。

 たとえばバラの絵がキャンバスに描かれているとしたら、それはアートで、描いた人はアーティストですよね。

一方で、同じようなバラの絵が陶器の装飾として描かれていたら、それはデザイン。

 なるほど！　ということは……**違いは「実用的かどうか」**ってことですか？

 それが一番大きな違いです。整理するとこんな感じ。

デザインは人の生活に入り込むもの
⇒実用的

アートは人の生活とは
切り離されたもの
⇒非実用的

＼こうです／

 おお、これはわかりやすい！

➡️ 「作品自体」が目的のアートは、個性が爆発していい

 たとえば、本のカバーを考えてみましょうか。
「どうやったら書店で目につくか？」「どういう書体を使ったら見やすいか？」といった実用的なノウハウをたくさんもっているデザイナーさんに依頼すると、本って売れますよね。
これを現代アーティストに発注したらどうなると思いますか？

「キノコってサイコーの芸術的存在だよね」なんて言って、株の本なのにキノコだらけの図案とかが送られてきそうです。

でしょう？（笑）

編集者もきっと頭を抱えるだろうな～。「**あふれる個性をここで爆発させないで！**」と。

そうなる可能性は高いです。
ここでひとつ重要な概念を言っておくと、**アートは基本的に「違和感を内包するもの」**なんです。それが本の販売戦略にうまくハマればいいんですが、下手をすると違和感だけが先に出てしまって売れないかもしれない。

はい。

でもね。**アートの領域では、アーティストにとっても鑑賞者にとっても「作品自体が目的」**なんです。だからいくらでも個性を爆発させていい。でも、**デザインの領域では「目的が別にある」**んですね。

目的が別？　……あ、本やお皿のような、「生活で使う実用的なもの」が目的ということですか？

31

そう。デザインの世界では常に対象物があって、デザインはそれをより魅力的にするための機能のひとつ。言うなれば、デザイナーは「職人」なんです。
たとえば、すごい腕を持った職人が、細部に至るまで快適さを追求して、どんな地震がきても絶対に壊れない家をつくった。それはアート作品ではないですよね。

 たしかに。

 一方で、アーティストがつくった家は、実用を離れて「その家独自の価値観」に人を引き寄せることができます。そこでは**「快適に住めるか」は重要ではなくて、「建築とは何か？」「家とは何か？」という問いを人々に強制する**ところはありますね。

 は、はぁ……（めんどくさっ！！！）。

 外から丸見えの家とか、「住むにはちょっと……」と思うようなコンセプト先行型の家ってあるじゃないですか。そういう建築は「アーティスト寄りの建築家」が手がけたもの、と言えるでしょうね。

ではアートというのは、基本的に**自己主張が強いもの**と理解すればいいんですか?

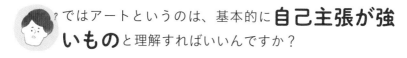そうです。万人受けしようという前提ではなく、アーティスト独自の価値観に基づいてつくられますから。好きな人は好きだし、嫌いな人は嫌い。反応が分かれますよね。

……アーティスト気質は、生活に必要ないんですかねぇ。

そんなことないですよ。だって、「天才的な建築家」と「腕の確かな職人」がコラボをして、お互いのよさを発揮したら理想的な家ができそうな気がしません?

……あっ、そうか! ビジネスにおけるデザインは、ユーザーを喜ばせるという意味では必要不可欠だけど、新しいパラダイムを着想したり、企業独自の世界観を訴えかけたりするときは、アートの要素も必要だということですか???

そうそう、**対立関係で考える必要はない**んです。

主張という話で思い出したんですけど、現代アートって「社会課題」をテーマとして取り上げたものが多いんですか? **「オマエ、ちゃんと考えてるか?」**って迫られている感じがして(汗)。

33

そこね〜、勘違いされている人が多くて。たしかにどんな時代のアーティストも批判精神が旺盛だし、反戦をテーマにしたわかりやすいアート作品もたくさんあります。でも正直、ジャクソン・ポロック^{（※）}みたいに**絵の具を適当に散らしただけにしか見えない**作品もある。

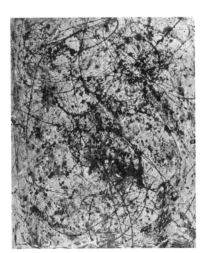

ジャクソン・ポロック
「北斗七星の反射」
（1947 年）
アムステルダム市立
美術館

ちょ…適当って！（爆）

感じ方はそれぞれですけど、少なくとも政治的なメッセージは読み取れません。でも、「こういう画法も人は心地よさを感じるんだ」という発見も「アート」として重要ですよね。

※ジャクソン・ポロック（1912 - 56 年）……アメリカの画家。抽象表現主義（ニューヨーク派）の代表的な画家であり、床に置いたキャンバスに絵の具を垂らして描く「アクション・ペインティング」という画法で有名。

なるほどなぁ〜。そういえば、最近、妻が北欧のカラフルなお皿を買ってきたんです！　お皿って実用的だから「デザイン」とおっしゃっていましたけど、私からするとそのお皿は完全に「アート」なんです。**平凡な日常にアートが入ってきて、生活が豊かになったな〜♪**って感覚があって。

アートだと感じるのは、「そのお皿をアートとして見ようとする姿勢が入り込んでいる」から。カラフルなお皿が新しい刺激になっているんですね。
<u>ただ、毎日それでご飯を食べていたらアートの性質が薄れる可能性はあります。</u>

そういうものですか？

おそらくそのうち、**「ただのお皿」**になっていくでしょうね〜。

慣れとか、飽きですか……？

そう、日常で使う「お皿の用途」に溶け込んじゃう。だから、もしそのお皿を本当にアートの対象にしたいなら、**使わないで飾ればいい**。壺や絵画を飾るのと一緒で、**実用性から遠ざけるほどアートらしくなる**んです。

おおぉ、それは考えたことがなかった！「何してんのよ！」と、妻には怒られそうですが（笑）。

茶器などの陶芸（工芸）などはよい例ですが、「アート」と「デザイン」の境界線は平気で揺れ動くんですよねぇ。ただ、**純粋に「目的ありきのデザイン」という話を深掘りしていくと、どうしてもテクニック論になってしまう**んです。職人技の世界なので。

配色とか、導線とか……？

そうそう、ビジネス視点でいうと「ユーザーの声を、どうやって商品に反映させるか？」みたいな話も含む。「こうするとユーザー満足度が上がるからやりましょう」といった成功パターンが体系化されたデザイン論は、事業開発に関わるような人ならスキルとして学んでおいたほうがいいかもしれません。

ただそこは私の専門ではないので、本書では**「純粋芸術としてのアート」**の話を取り上げていきますね。

プレゼントはアート♪

3

時間目

結局アートって、なんの役に立つんですか?

アートが「現実の生活から切り離されたもの」だとすると、ビジネスで注目されているのはなぜ? アートがビジネスパーソンに与える大きなメリットを3つ紹介していきます。

➡ アートに「実用性」が感じられない理由

 となると、ビジネスパーソンにとってのアートの効用ってなんなんだろう……。インターネットでいろいろ検索してもどうもピンとこないんです。

 ふふふふ……、**アートの輪郭(りんかく)がつかみづらい理由はね、はっきりしている**んです。

 (めっちゃ不敵な笑み!) と、言いますと……?

 アートは太古の昔からあるワケです。その発展の過程で「これは役に立つ!」と世間に思われた流派に、「デザイン」「建築」「まんが」といった具体的な名前がつけられると、アートから抜け落ちたり分離していく。**いまのアートは、その「残骸(ざんがい)」なんです。**

 残骸！？

 はい。実は、哲学もまったく一緒で、昔は数学も物理学も心理学も天文学も私の専門の美学も、み〜んな「哲学」だったんです。そもそも「哲学」の語源は「知を愛する」ですから、「物事のナゾ」を追究すればだいたい哲学になっていた。

でも、明確な知識や答えが得られた途端に「学問」として独立していって名前がつき、**まだ明確な知識が得られない・名前がつけられない「ナゾなもの」が「哲学」として残っている。**

 ？……ああ、だから「哲学」と聞くと、「やたら理屈をこねくり回すだけで、役に立たないもの」と感じる人が多いのか！

 積極的に役に立たないワケではなく、**いまの時代ではまだ実用性が見えていない**というだけです。

なるほど〜〜〜（×3）！　アートが私たちの生活から遠いものに感じられるのも、実用性が見えないからか！

そうです。アートの一領域が一般の人々に理解されて生活に浸透した瞬間、「アート」と呼ばれず、何か新しい名称を与えられる可能性が高い。「デザイン」とか「エンタテイメント」とかね。

たしかにそうですねぇ……となると、アートの効用は？

アートは**「効用がまったくなくても、アートとして存在できる」**ことがむしろ**醍醐味**なんです。

えっ、この企画、ボツ……？

いやいやいや（笑）。ビジネス書でよくある「3日でExcelをマスター！」みたいな、具体的・即効性という意味では、アートはなりを潜めざるを得ないだけで。

もちろん効用はいくらでも挙げられます。だけど、アートから遠いところにいる人に、最大公約数的に納得してもらえるアートの効用という意味では、大きく分けてこの3つかなぁ。

こんな感じかな〜

アートの3つの効用

① 文化的な人間として備えておくと有利な、
「教養」としてのアート

② 自分の常識を少しずつ入れ替えていく、
「刺激材」としてのアート

③ 鑑賞や創作行為を通じて自分に意識を向ける、
「人生の本番」としてのアート

ほーーー。
ひとことで「アートの効用」と言ってもいろいろな側面があるんですね。ごっちゃに考えるから、ピンとこなかったんだ……。

これ以外にも「趣味」とか、「投資対象」とかいろいろありますけど、この本ではこの3つを柱にしようかと思っています。
まずはざっくり説明して、それぞれについての細かな説明は3〜6日目にしていきますね。

わかりました！

「教養」としてのアート

➡ 大人の知性を感じさせるアートという教養

「教養としてのアート」の効用はわかりやすいです。美術や音楽、文学などの「古典」と言われるものが話題になったときに、これらに対する知識、つまり「教養」を示せば信頼が得られるという文化的なメリットがあるじゃないですか。

あ〜、たしかに。古典を知っているだけで、その人のセリフに何か重みを感じます。

最近は「グーグルで調べたらわかる知識に価値はない」なんていう人がたまにいますが、それは実務レベルの話をしているだけで、**文化的な「人の価値」は、AI の時代になっても揺るがない**と思うんですよね〜。

昔、スイスに住んでいたことがあるんですが、痛いほど感じました（涙）。
「教養ある人＝人間としてレベルが高い」
みたいな。

ヨーロッパでは大人は常に勉強しつづけるのが当たり前で、社会的な階層が上がれば教養があるのは当然という見方がされますから。それは「アートのみならず、宗教、歴史、哲学、政治、経済など文化一般の教養があることが大人として望ましい」ってことなんです。

 そういえば、西洋美術史読本のような体系だった本が、最近よく売れているみたいですね～。

 「アート」の必要性を薄々感じている人が多いということですよね。この本は「アートの本質」に迫るのが目的ですが、西洋美術の大まかな流れもあとで簡単に説明しましょうか？

 大きな流れすらわからないのでお願いします……。あ、でも、教養としてのアートに現代アートは含まれるんですか？

 ## いい質問ですね！

たとえばダ・ヴィンチやミケランジェロやゴッホくらいについて知っておくことは、教養として西洋史を知っておくのが当然のことであるのと同じようなものです。作品の芸術的価値はよくわからなくても、文化的歴史的価値があるということに関してはみんな合意している。

でも、**現代アートに関しては文化的価値があるかどうか、いまはわからない**んです。

え……わからない？？？？？

はい。たとえば、このあとで説明するデュシャン^(※)のようなアーティストは100年後も歴史に名前が残るはずですが、大半の作品はどう評価が変わっていくかわかりません。

大半って、ここ最近の作品の話ですか？

いやいや。20世紀以降の現代アート作品のことです。

え！？　そうなんですか。100年前の作品ならすでに価値が確定していそうな気がしますけど……。

まだ確定はしていないんです。「はぁ？　これが文化遺産？　冗談じゃないよ」と言われる可能性は大いにある。逆に言えば「こんな作品を尊重していいの？」といった猜疑心やあやふやさを含むのが現代アートの宿命なんですけどね……。

※マルセル・デュシャン（1887 - 1968年）……20世紀を代表する美術家。フランス生まれ。のちにアメリカで国籍を取得。「コンセプチュアル・アート」などの現代美術の先駆け的な作品を多数手がけた。なかでも1917年に制作された「泉」という作品は現代美術界に大きな影響を与えた。

「刺激材」としてのアート

➡ クリエイティブな人は「引き出し」が多い

 2つめの効用「刺激材」は、冒頭にあったお話ですね！常識に揺さぶりをかけるのかぁ～。

 ここで問題です。クリエイティブな人とクリエイティブでない人の違いはなんでしょう？

 えっ……。**オシャレ度？**

 そこじゃない（笑）。**違いは、「ある情報が脳に入ってきたときの脳の反応の仕方」**と言われています。クリエイティブな人ほど脳神経が拡散的に反応し、クリエイティブでない人は毎回決まった狭い範囲が反応する。

 反応の範囲が違う……具体的にはどんなことですか？

 目の前に透明なコップがあったとしたら、どんなことを考えますか？

 あー、ビール注いで飲み干してぇ。

……ですよね（笑）。
クリエイティブな人は「楽器として使ったらいい音がするかも」とか、「メダカの水槽になりそう」とか、「透明だとつまんないから装飾しちゃおう」とか、「ひっくり返したら台になるかな」とか、いろんなことを考えられるんです。

そんなことまで思いつくんですか……！
「発想の引き出し」がいっぱいある！！！

➡ 現代アートで、「古い価値観」を揺さぶりまくれ！

じゃあ、その反応の違いはなぜ生まれているのか？　行き着くところは**「脳の柔軟性」**と**「視野の広さ」**です。

「コップ＝ビール」って発想しか湧いてこない私は、脳がコチコチに硬くなって、かなり視野が狭い……（泣）。

まあ、人間の脳は疲れすぎないように「省エネ運転」を
しようとするので、思考の硬直化は仕方がないんです。

じゃあ、この状態を改善するためには……やっぱり
「アート」で刺激ですか……？（ゴクリ）

はい。アートというものは基本的に「この作品に触れれ
ば、いままで感じなかった何かを感じてもらえるのでは
ないか」という信念に従って制作者が提示するものなん
です。だから**「脳の刺激材」としては最高で最強。**

では、いろいろなアートに触れている人ほど脳が刺激を
受けて引き出しが増えていくので、クリエイティブな一
面が開花しやすい？？？

そういうこと。ただし、アートと言っても「大衆芸術」
（大衆文学や大衆音楽）なんかは、受け手のリアクショ
ンを想定しながらつくられますよね。私たちの生活と地
続きとなっている。そうなってくると本来のアートの役
割は薄れ、<u>クリエイティブな刺激は弱くなってしまう</u>で
しょうね。

ふぅん……。じゃあ、自分の価値観を揺さぶりたいなら
**伝統的なアートよりも、現代的なアートが最
適**ということですか？

有名な絵画は、描かれている内容をすでに知っているの
で、その傾向はどうしても強まってしまいますね〜。

いままでの常識にはなかったものに触れることで脳が刺激を受けるという話はわかるんです。でも、そう都合よくビジネスの場面で必要とされるクリエイティビティに活かされるんですかねぇ……？？？（懐疑の目）

 アート鑑賞を通じて視野が広がったり、思考が柔軟になるメリットは説明しましたけど、ちょっと別の視点でお話ししましょうか。進化論で言われる**「多面発現」**（ためんはつげん）という現象があるんですよ。

 ## タメンハツゲン……？（なんだそれ）

 「なんだそれ」って顔ですね（笑）。
つまり、実生活で役立っている「ある遺伝子の働き」や「思考のクセ」のようなものがあったときに、それが生活のほかの場面で現れることがあるということです。

 ## ……は、はあ。（何言ってるのか、わからん）

 思いきり「何言ってるんだ、コイツ」って顔ですね（笑）。
たとえば、世の中には犬好きの人がいますよね。でも冷静に考えるといまや狩猟もしないし、猛獣に襲われる心配もない現代人にとって、犬を飼うメリットって少ないんです。
エサ代もかかるし、医療費もかかるし、掃除や散歩も大変。

じゃあ、なぜ犬を飼いたがるか？

進化論の「多面発現」で説明すると、「人間には無力な子どもを守って面倒を見るという本能があるから」ということになるんです。もちろん、それが弱い人もいますよ。ただ、**「子どもを守りたい！」遺伝子が強く出ている人が、たまたま「犬」という対象に向いて「守りたい」「かわいがりたい」面が発現することがある**ということです。

 私、実は、半年前から趣味で音楽制作を始めたんです。でも正直、なんで急にハマったのかよくわからないところがあって……。これって、「多面発現」と関係あるんですか？

 あるかもしれないですよ。たとえばライターという仕事につかれて、毎日、原稿用紙を埋めているうちに「言語化」や「構造化」を担う遺伝子が活性化されて、音楽づくりという一件無関係の対象にも向いた、と考えることはできませんか？

……あっ！ よく考えると**文章も音楽も大事なのは「全体の流れと各パーツのハーモニー」**だから、使っている**脳の領域が近いかも**しれない……。だから、音楽づくりの遺伝子が発現したのかな……？

人間は精密機械ではないので、思わぬところで特性が現れます。「その人が持っている遺伝子なり性質が、たまたま置かれた環境で自然と変わらざるをえない」という話なんです。立場が変われば「むちゃくちゃ役に立つ」可能性もあるワケです。野良ネコにエサを与え続けて「近所迷惑！」と言われていた独身男性が、家庭を持った瞬間、その愛情をわが子に注ぎ、立派な社会人を育てる……とかね。

わ……私じゃありませんから！（笑）
しかし、多くのアートに触れて、未知の体験を繰り返しながら新たな性質のタネをたくさん蒔いていけば、**それがいつかどこかで発現して仕事に役立つ可能性は大いにある**ってことか。すげえ！

「人生の本番」としてのアート

➡「効率第一」の現代にストップをかけてくれる

 3つ目が……これ、気になりますね。**「人生の本番」としてのアート**???

 実は、**これが今回一番伝えたいこと**なんです。いま世の中がどんどん「実用本位」「能率本位」になっていっていませんか?

 仕事を効率よく終わらせるとか、お金を稼ぐとか、子どもをいい学校に入れるとか……そういう話ですか?

 はい。**遠い目標に向かって最短で走ることが「善」で、それ以外の無駄なことは「悪」とみなす**傾向がある気がするんです。

う〜ん、そうかもしれない。働き方改革だ、生産性だって、しきりに言われていますからね。常に時間に追われている人が増えている気がします。

私は「そういう世の中ってどうなの？」と思ってしまうんです。だから、アートの役割で大きいのは<mark>「能率本位の人生にちょっとだけ歯止めをかける使命を果たしている」</mark>ということなんじゃないかな。
「いまを生きている」という自覚を高めたり、自分を見つめ直す機会を持てるのがアート。

もっと無駄を楽しめ、ということ？

だって効率だけの人生を歩みたいなら正直アートに関わらないほうがいいんじゃないかな。
会社の売上目標を達成したいなら、美術館なんか行かないで週末も家で仕事や勉強をしたほうがいいワケですよ。

ビジネス書を読んだほうがいいかもしれませんね。

長期戦略を立てて目標に向かって走り続けることができるのも知的な人間だからこそできることなんですけど……、**スムーズにアウトプットを続けるだけの人生って、振り返ったときに果たして「生きた」と言えるのかな……？**

ぐ……っ！！　…………さ、刺さりました。

 みんな仕事や育児や人付き合いで忙しいのはわかるんです。でも、その膨大な TODO リストを消化している最中も時間だけはどんどん進んでいくわけですよね。だから**忙しい現代人こそたまに立ち止まって、「私はいまここにいる。私はこういう経験をしている」と意識を自分に向けてあげることが大事**だと思うんですね。

 「いまここにいる」ですか。

 グルジエフというアルメニアの神秘思想家の言葉です。自己啓発セミナーの元祖みたいな人で音楽もつくったりしている変わった人なんですけど、「私はいまここにいると自覚した瞬間だけ私がいる」ということを言うんですね。

 育児に追われつつ月に 1 冊本を書いている身としては、「いまここにいる」なんて考える余裕がほとんどないです……。

 アウトプットにこだわらないといけない時期があるのは仕方がないです。ただ、**常に意識が「いまの自分」以外のどこかに向かっている人って多いと思う**なぁ。

アートは「アート自体」が目的

 自分に意識が向いていない人は、人間的な「内面」「奥行き」のない人かも。そういう人を哲学の世界では**「哲学的ゾンビ」**と言うんです。その点、アートと接している時間は自分に意識が向かざるを得ません。

 自分自身に意識を向ける経験……全然ないです。だから私も音楽制作に心が動いたのかなぁ。

 それもあるかもしれませんね。実際、創作活動をしている時間ってたまらなく充実していませんか？

 # しています！！！

 ただね、忙しく生活している人が、「アートが無駄に思える」のは仕方のない話で、**アートというのは行き止まり**なんですよ。アートそのものが目的だから。

行き止まり……？

アートはそれ自体が目的。だけど、能率本位の人生って、「目的があって、それを達成するための手段があって、その手段は目的で」というふうに、目的と手段の連鎖がダダダッと連なっている。**常にゴールは未来にあるから、いつまでも到着することはない**。

「能率第一の人生は手段と目的の連鎖でゴールが見えない。

ゴールどこ…？
段 目的 手段 目的 手段 目的 手段
能率第一の人

「アート」はそれ自体が目的。

いきなりゴール
アート
目的

そういう人もいますよね。……って、他人事みたいな言い方をしましたけど、それまさに私のことです。

でもそれって「人生の本番はいつなんだろう？」という気が少ししませんか？　長生きして金を貯めることだけが人生の価値なんですかね？　**そのあとに何があるんですか？**　という話なんです。

……先生、マジで泣きそうです。

アートに触れているときは「人生の本番」なんですよ。ほかの目的があるわけでもなければ、手段でもない。少なくともアート作品と向き合っている間はアート自体が目的であり、鑑賞しているその「時間」や「体験」がゴール。

そこが行き止まりだから、自分を見つめざるを得ないんです。

……うう、じゃあ、そもそもビジネスパーソンが「アートによほどメリットがあるなら見に行ってもいいけどさ。給料アップにつながるの？」とか思っている時点で、**目的手段の連鎖に思いっきり乗っかっている**ワケですね……。

その可能性はありますよね。それこそジョブズのように成功する可能性はあるし、その連鎖を完全に断ち切る必要はないんですけど、アートに触れる魅力はひとことで言えば**「現実から分離された世界をじっくり味わえること」**なんです。

そのためには心のゆとりが必要で、行き止まりとわかっているところにも寄り道する余裕を持ちたいね、と。

はい。人生論を偉そうに語るつもりはないんですけど、**「人生の本番」をどれだけ経験してきたかが人生の価値**だと言ってもあながち的外れではない気がします。

2

日目

美術だけじゃない！
アートの
種類と価値は
いろいろある

1 時間目 アートは大きく 3つに分類される

アートが「現実の生活から切り離されたもの」だとすると、ビジネスで注目されているのはなぜ？ アートがビジネスパーソンに与える大きなメリットを3つ紹介していきます。

➡ 知っておきたいアートの分類法

 1日目で、アートの意味や効用は、ざっくりとわかりました。感極まって、泣きそうになりましたが（笑）。

 さらに具体的な話に入る前に、アートのジャンルや定義づけについても解説しておきましょうか。定義や分類の仕方はいっぱいあるんですけど、とりあえず、3つの軸を押さえておきましょう。

> 芸術は3つに分類できる！
> ① 「ハイアート」と「ローアート」
> ② 「視覚芸術」と「言語芸術」と「聴覚芸術」
> ③ 「純粋芸術」と「合成芸術」

こんな感じかな〜

これ以外にも、先ほど話をしたアートとデザインの違いを示す「純粋芸術と応用芸術」や具体的か抽象的かの違いを示す「再現芸術と表現芸術」などがありますけど、大事なのはこの3つかな。

うわぁ、いきなり難しそう……。

できるだけ簡単に説明していくので大丈夫です！

分類①ハイアート・ローアート

まず、「ハイアート」と「ローアート」というのは現実社会の価値観とは切り離されたところにある**「アートとしての価値の高さ」**のことです。
「現実社会の価値観」とは、たとえば「椅子は座りやすいほうがいい」とか、「照明はチカチカしないほうがいい」とか、「食べ物は栄養があるものがいい」とか。そういう価値とはまったく関係ないところで「アートとしての価値」があるんです。

ん？　それってアート作品の値段（市場価値）という意味ですか？

違います。「**いかにアートらしいか**」がポイント。

「**アートらしい**」ですか……（なんや、それ）。

「全然わからん！」って顔ですね（笑）。
「アートらしい＝現実から離れているもの」です。アートに触れる魅力は「現実から分離された世界をじっくり味わえること」とお話ししましたけど、芸術哲学者はよくアートの内外を分かつ指標として**「アートと現実」**という見方をするんです。

反対語ですか？

対語ですね。普通、「現実」の対語って「虚構」をイメージしますよね。たしかにアートでも虚構はよく使われます。でもアートは必ずしも虚構だけではないですよね。音楽を聴いて「なんて素晴らしいフィクションなんだ！」とは言いません。その異質な空間のことを指して「アート」というワケですね。

ほほお。

たとえばマンガやハリウッド映画や歌謡曲は、アートらしさが低い「ローアート」なんです。それは、現実と地続きだから。ハリウッド映画を観ると、時代設定などはフィクションであっても「親子の愛」とか「仲間の絆」とか「正義が勝つ」みたいな現実の価値観を強調します。Ｊポップや演歌を聴いても、人間の表面的な感情を

そのまま歌詞にしているわけで。
娯楽作品は「わかりやすさ」が価値なんです。

文学もそうか！　大衆文学と純文学がありますね。

まさに。大衆文学は友だちづきあいの感覚で読めますが、純文学や詩になると言葉遣いからして日常生活と違うし、意識的に自分を別の境地において読まないと理解ができない。

ただ最近は、直木賞（大衆文学）と芥川賞（純文学）の区別がつかない気もするなぁ。

おっしゃる通りで、「現実から遠いアートらしい作品」をつくるはずの純文学陣営がスタンスの見直しをしていて、どんどん現実世界に近い作品が増えています。ただね、創作過程は違うんですよ。

創作過程が違う？　**見たんですか……？**

あ…えっと、私も小説家なので（汗）。
大衆文学のつくり手はとにかく「読者にウケる」ことだけを考えます。「ファンに喜んでもらえるか？」「どうやったら映画化してもらえるか？」なんかを目標に据えて作品をつくる。

デザイナーの話と同じだ！　職人ですねぇ。

そう、一緒。ところが純文学のつくり手は、自分はアーティストであり、「みんなと違うものをつくろう」とか「新しいものをつくってみよう」という自覚がある。だけどあまり露骨にやるのも**「純文学の常識にとらわれている」**ことになるから、それもイヤだと（笑）。

うわぁ……<ruby>超<rt>スーパー</rt></ruby>ヘンクツ。

反骨精神が働いた結果として、すご〜くミステリーチックな作品ができたり、ファンタジーっぽい作品ができたり、大衆文学と区別がつかないものができてしまうこともある。でも、そもそもの意図はまったく違うんです。

➡ 分類②視覚芸術・言語芸術・聴覚芸術

アートは**「視覚芸術、言語芸術、聴覚芸術」**という軸で分けることもあります。

「視覚」と「言葉」と「音」……？

そう。**「視覚」「言語」「聴覚」**はそれぞれ「美術」「文学」「音楽」のことで、この３つがいわゆる**「３大アート」**と呼ばれる「純粋なアート」です。

あまり意識したことがなかったですけど、義務教育で３大アートを学ぶんですね。「美術」のほかにも、「文学」は国語の授業で、「音楽」は音楽の授業でやるもんなぁ。

でね、美術は美術でまた細かく分かれる。たとえば日本の芸術振興を目的に設立された公営の展覧会・日展の5分野は「日本画・洋画・彫刻・工芸美術・書」ですけど、すべて「美術」です。そもそも日展の正式名称が「日本美術展覧会」ですから。

こうやって見ると、アートの範囲って本当に広い！

「アートはあまりに大きすぎて定義はできないけど、各分野の定義づけはできる。アートとはその総称だ」という学者もいるくらいですからね～。

？……あれ？　そういえば、目と耳だけで、ほかの五感に訴えるアートはないんですか？

いい質問ですね！

アートは基本的に「視覚」と「聴覚」だけで、「触覚芸術」「嗅覚芸術」「味覚芸術」というものはないんです。なぜなら、**アートは現実から切り離されたものだから**。

……さっぱりわかりません。

触覚、嗅覚、味覚は、より直接的に身体に影響がある感覚なんです。だから、「現実に近い」と考える。
前衛アートではあえてその枠を逸脱するものもありますが、ギャラリーに落とし穴があったりクサヤが置いてあったりしたら、基本的には「アートらしくない」という話になるんですよ。

そこは怒っていい、と（笑）。

そう。あと、そもそも視覚と聴覚以外は「論理構造」がはっきりしないんですよ。

視覚・聴覚以外の論理構造？

ちょっと何言っているかわからない。

 （笑）。つまり、味覚と嗅覚と触覚は「熱い」「くさい」「辛い」といった現実の感覚がすべてで、そこに「解釈」が入りこまないんです。痛かったら痛いだけで、解釈もクソもない。

 わかったような、わからないような。

 逆に視覚や聴覚は、「色彩」や「形」「音階」といった構造で把握できるので「解釈」ができる。
「解釈が入る」ということは、それだけ「現実から遠い」ってことだから、アートなんです。 視覚、聴覚に特化した経験は、普段のネットワークから外れている「アート体験」ということ。

分類③純粋芸術・合成芸術

 最後の純粋芸術と合成芸術という分類ですが、アートの世界では「純粋芸術」と言われるもののほうが、より「アートらしい」と評価されます。

65

では、ここで問題です！　クラシック音楽と歌謡曲が
あったらどちらがアートらしいでしょうか？

ふふふふ、クラシックです。現実から遠いから！

正解！　じゃあ、ピアノ曲とオペラなら？

ぐっ、難しい……。 オペラ……？（小声）

残念！　答えは、ピアノ曲です。なぜならピアノ曲は
「純粋に音楽だけで勝負をしている」から。オペラは
「歌」と「文学」が合成されていますよね。

あーーーーー、なるほど！！

その作品がカテゴライズされるメディアの特性をよく
示している、かつできるだけ合成的ではないもののほう
が、純粋芸術としてエラい！とされているんですねぇ。

**より情報が足されていない「純粋なもの」ほ
ど「アートらしい」**って感じかぁ。

そうそう、絵画だったら抽象画のほうが「アートらし
い」。なぜなら具体的にリンゴを描いてしまったら、「リ
ンゴ」という情報を足してしまうから。
映画や演劇がアートとしていまいち尊敬されないのも、
総合芸術だからです。彫刻にしても色を塗らずに木や大
理石、ブロンズがむき出しのほうが「アートらしい」。

質感だけで勝負するので。

 言われてみるとハデな仏像って、神々しさが失われる気がします（笑）。

 彫刻に色を塗ると「絵画」の要素が足されちゃう。まぁ、その分、親近感が湧くというメリットもあるワケですけど。

 じゃあ、写真と動画だと写真のほうが、モノクロとカラーだと、モノクロのほうが「アートらしい」ということ？

 そう。これも「現実からの距離感」といった話につながるんですけど。ただこの「純度」って話はイデオロギーに近いもので、アーティストの間にある暗黙の階層と言ってもいい。

 へぇ。でも、娘の写真をたまにモノクロ加工したりしますけど、壁に飾って絵になりそうなのはたしかにモノクロです。

さらにいえば、人が写っていない写真、風景画だとしても、より抽象的な写真のほうがアートらしいですよね。「現実から遠い」ので。

あっ、そうか！

文学も本来は小説より詩のほうが価値が高かったんです。小説は意味内容が雑多だけど、詩は**言語の特性に集中していてそれだけ純粋**ですから。

先生が本^{（※）}の題材にされた「涼宮ハルヒ」に代表されるライトノベルはやっぱり大衆芸術ですか？

ラノベが文学の世界で尊敬されないのは、挿絵があるから。挿絵があると情景の伝達がしやすくなって読者としてはわかりやすいけど、アートとしては価値が下がっちゃうんです。

※人気アニメ『涼宮ハルヒの憂鬱』第2期で論争を巻き起こした「エンドレスエイト」を分析哲学で解釈した三浦先生著の『エンドレスエイトの驚愕：ハルヒ＠人間原理を考える』（春秋社刊）のこと。

「刺激的！」かは、経験値による

　脳の刺激剤としては、「現代アートが最適」とお話ししましたが、これはあくまで一般論。

　たとえば、以下のA、Bの2枚を見て、どちらに刺激を受けると思いますか？

A

サンドロ・ボッティチェリ
「ヴィーナスの誕生」（1485年頃）
ウフィツィ美術館

B

フィンセント・ファン・ゴッホ
「ひまわり」（1888年）
ロンドンナショナルギャラリー

　いま古典と言われる作品も昔は当然「現代アート」だったワケで、その時代においては新しさがあったはずです。

　同じように、いままでアートにあまり接したことがない人が、昔のアートに触れて「斬新！」と思えるなら、刺激になります。

　いずれにしても、少なくとも名画を生で見る体験は得難いものがあると思うので、ぜひ美術館に足を運んでみてくださいね。

2

アートの価値は どんなふうに決まるの?

現実と離れているほうが「よりアートらしさが高い」と説明してきましたが、「アートらしさが高い」ほうが市場価値も上がるのでしょうか? 作品の価格は何によって決定するのかを聞いていきます。

➡ アートの市場価値はどう決まる?

気になっていることがあるんです。「**アートのお値段**」ってどうやって決まるんですか? 名画と言われるものを鑑賞したときに、全員が全員感動するワケではないですし……。
特に現代アートになってくると、「なんであの作品に何億円もの値段がつくの?」と意見がまっぷたつに割れたりしますよね。

共通の価値を持ちづらいってことですよね。答えは簡単で、**作品の価値は批評家が決めるから。**

批評家が決める???

たとえば株式市場だと「株価を決めるのは市場」で、アナリストはおまけの解説者みたいな存在ですが、アート

の世界では「批評家たちが価値を決める」んです。メディア、アートディーラー、ギャラリーなど、「アートワールドの人々」が結託することで、「超大型新人」「カリスマ」「巨匠」がつくられるんです。

 えぇぇぇ〜！　そういうものなんですか！　まぁ、文学の世界でも同じことか……。ただ、それなりの説得力も必要ですよね？

 もちろん。有能な批評家が1人でうまいことを言ってもダメで、やはり「この言説は説得力がある」と批評家の大多数が認めるものでないと。すると、アート批評家ネットワークの中では「価値のある作品」として認知されることになります。

 不当に高いものを売りつけられるんじゃないかと不安です（笑）。

 疑いを持ってしまう気持ちはわかりますけどね〜。でも株式市場と違ってアート作品はそこまで頻繁にやり取

りがありません。さらにその作品の価値を見抜ける一般人がどれだけいるのか？ という話になると難しい。だから作品の市場価値の決定を業界関係者に委ねるというのは、ある意味で自然なことだと思います。

 どの世界にも「目利き」はいますもんねぇ。

 それに業界関係者のなかにはほかのアーティストも含まれるんですよ。一般の人にはわからなくても**「創作をしている人ならわかる作品のすごさ」**みたいなものは、やっぱりあるワケで。「あ、これ俺がやりたかったことだ！ 先にやられた〜〜〜」ってやつです。経験ありません？

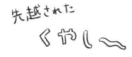

 うっ、わかる……！！（笑）
ということは、批評家と制作者の両者から価値が認められたら、それはほぼ「価値が高いアート」確定だと。

 まぁ、そうなりますよね。

 一方で、最近はメルカリみたいな個人間の直接取引ができるプラットフォームが増えているじゃないですか。

新人アーティストが「アートワールド」を経由せずに作品を売るケースも増えていきそうだなぁ。

 当然増えるでしょうね〜。ただ、それが起きるのはどうしても、マンガや小説、音楽、ポップ・アートなど「ローアート」の世界。**ローアートの特徴は「価値のわかりやすさ」なので、市場原理が働きやすい**んです。

 フォロワーの多い SNS のつぶやきが、本になったりしますもんねぇ。人気が高いほど、売りやすそうです。

 ただ現代アートのように「わかりにくい」ものは、個人間の市場が成り立つのかなぁ……。そこは疑問ですね。まあ、超熱烈なファンが何人かいれば生活はできるかもしれない。

 基本的に、どこかで批評家から
「これは、すげえ……ッ！」
と評価されないと、価値が高騰（こうとう）することはない？

す．すげえ‥
ゴクリ

 奇跡的に超富裕層のコレクター
2 人の目にとまって、価格を競（せ）り

上げてくれたら別ですが、そもそもコレクターに紹介する作品を発掘するのはディーラーですからね。

新規ビジネスでもそうかもしれないですけど、基本的に「見慣れないもの」というのは、自然に支持を受けることはできない。そういう宿命なんです。

アートらしい作品ほど現実になじみが薄くて、まさに**「見慣れないもの」**ですもんね……。

だから、文化的な使命感を持った目利きが、「これはいい！なぜなら……」という言説を紡ぎ出すことで、「アートの価値」を世に強制的に知らしめないといけないワケで。

「言説」か……（こむずかしい言葉キタな……）。**アートって主観的で感覚的なものかと思っていたんですけど、意外と理屈っぽい**んですかねぇ。

めちゃくちゃロジックの世界です。
作品をパッと見るだけでは普通の人は理解できないかもしれないけど、もしその作品に哲学的な解釈が添えられていたら、少なくとも「その解釈に説得力があるか？」ということは客観的にわかるじゃないですか。

もちろん個人が趣味でアートに触れるときは思いっきり主観でOKですが、アートの価値を決めるとなると、いったん**「客観的なレベル」に落とし込まなければならない**んです。

なるほどなぁ。

 批評家個人の好き嫌いも当然ありますけど、**心に響く理由をいかに「言語化して、説得できるか」**の勝負です。古典的な名画も現代アートも、み～んなそう。

 アートの価値は「理屈」で決まる、と。

 特に現代アートは「理屈の占める割合」がものすごく大きい。だっていまの時代、便利なツールがいくらでもあって、「見栄えのいい作品」に関しては簡単につくれちゃうでしょ？

 デジタル技術が進んだからなぁ。画像を簡単に加工するソフトやアプリもありますもんね。

 だからむしろ現代アートは見栄えが悪かったり、あえて装飾的なものを排除したものが多い。つまりね……、**行き着くところは作品に込められた「哲学」なんです。**

（哲学、キターーー！汗）
アート作品を読み解くには批評家は哲学者でなければならない。お笑い番組の審査員みたいに「このネタ、めっちゃ好きやわ〜」じゃアカンと。

ダメです。 そういう意味で、アート作品は、言語化されないと「アートとしての価値」がつかない。

批評家なり学者なりがアカデミックな言葉で理屈をつけない限り、メルカリに抽象画をポーンと出品したところで、アートとして成り立たないし、少なくとも歴史には残らないでしょうね。

➡「意味」を見出されると、価値は爆上がりする

たとえば現代美術で言うと、クレメント・グリーンバーグ（※）という形式主義（フォーマリズム）の批評家がいます。そういう有力な批評家に気に入られたアーティストは非常に幸運なワケですよ。

前述した画家のポロックもその1人。キャンバスに絵の具を飛び散らせる「ドリッピング画法」なんかは、普通の人が見れば「子どもの落書きとどう違うの？」となる

※クレメント・グリーンバーグ（1909 - 94年）……1939年に発表した論文「アヴァンギャルドとキッチュ」で有名になったアメリカの美術評論家。抽象表現主義の画家のなかでも、特にジャクソン・ポロックを同時代の最高の美術家と称賛した。

のに、グリーンバーグが作品のよさを専門家の視点で説明すると、みんな「一流の美術」と納得する。

なんて言うか……**出来レース感**が……（汗）。
でも、考えてみると、パリコレとかも同じか。「今期はコレを流行らせる！」って目的が先にあって、それをメディアで「最新ファッション」と紹介して流行らせますもんね。

アンディ・ウォーホルの有名なキャンベルスープの絵だってそうですよ。アートワールドの人たちが「**これは大量消費社会に対するシニカルなメッセージだ**」と言ったから名作になったワケで。

アンディ・ウォーホル
「キャンベルスープ缶」（1962 年）
©2020 the Andy Warhol Foundation for
the Visual Arts, Inc./ ARS, NY & JASPAR,
Tokyo E3715

そうなんですね！　私もこの作品のよさが、ずっとわからなくて（ファンの方がいたらスミマセン）。逆に言えば、意味を抽出しづらい作品は、アート的な価値が低い？

そう、いま古典的な名画として高い評価を受けている作品は、豊かな意味をたくさん抽出できた作品ということ。

だから「アートの価値は批評家が決める」という原理原則は、**アートを投資目線で考えるときの超基本**です。

「投資目線」の超基本！
メモしておきます！！！

実際、アートの世界だと「再評価」というものがザラにありますよね。
レンブラント^{（※）}も死後、100年くらい経ってからロンドン王立アカデミーの創立者が再評価したことで、いきなり超巨匠になったワケですよ。

光と影の画家、レンブラント（1640年）
ロンドンナショナルギャラリー

※レンブラント・ハルメンソーン・ファン・レイン（1606 - 69年）
……ネーデルラント連邦共和国（現在のオランダ）の画家。バロック期を代表する画家。明暗を分ける画法を得意とし、「光と影の画家」として広く知られている。

レンブラント「夜警」（1642年）アムステルダム市立美術館

めちゃくちゃ裏でお金が絡んでそう……。

それは間違いないです。インサイダー取引がいくらでもできるので。ただ、そういう側面はありつつも、説得力のある説明ができないと批評家自身の評価が下がりますから、自信のない駄作を持ってきて「これはすばらしい！」とはなかなか言えません。

ううむ……。 つまり、<u>アートの世界における「美」は、権威のある人に定義づけられている</u>ということなんですか。

そのとおり。だから時代や文化が違うと「美」が変わるんです。あくまでも「美」は相対的なもの。でもそれは、思いつきや主観ではなくて、誰よりも審美眼を鍛えたその時代の一流の目利きが判断を下しているわけですから、根拠はあると。

➡ ビジネス化がより顕著になっている現代アート

 「アートの価値は批評家が決める」とお話しいただいたわけですが、現代アートになってくると、より顕著に感じます。

 ……というと？

 「ネットでのプロモーション次第なんじゃないの？」と感じてしまう自分もいて、それでアートの価値が決まっていいんだろうかという疑問が、どうしても拭えないんです。

 なるほどね。ただ実際、現代アーティストにとっては、**霊感や美しいものへの感受性や技量よりも、プロモーションスキルが成功のために一番重要**であることは間違いありません。

 やっぱりそうなのか〜〜〜。

 ネットのない1960年代くらいからそういう傾向はあって、一部の現代アーティストが批判していますよね。たとえば最近亡くなった現代アーティストの赤瀬川原平^(※)という人は、同時代のアーティストがあまりにもプロモーションだけで成り立っているということを強く批判していたんです。

※赤瀬川原平（1937 - 2014年）……日本の前衛美術家、随筆家、作家。
　尾辻克彦というペンネームで純文学を執筆していた。存在が芸術
　的でありつつ、無用の長物である展示物を芸術的概念「超芸術ト
　マソン」として提唱した。

やっぱり、そういう人もいるんですね。

たとえば赤瀬川原平が批判していたアーティストに
ルーチョ・フォンタナ^{（※）}という人がいて、彼はキャン
バスにカッターでパッと切り込みを入れるんですね。
1個だったらたしかに面白いなぁと。
でも、私もフォンタナ展に行きましたけど、同じような
ものがずらっと並んでいて、それが**1枚、何千万
円もする**んですよ。

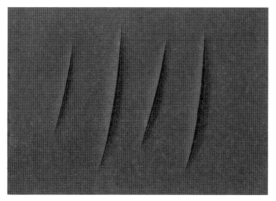

ルーチョ・フォンタナ「Attese（Expectation）」（1959年）
ピナコテーク・デア・モデルネバイエルン州立絵画コレクション
©Lucio Fontana by SIAE, Rome & JASPAR, Tokyo 2020 E3715

いいなぁ（笑）。

※ルーチョ・フォンタナ（1899 - 1968年）……イタリアを代表する
　前衛芸術家（美術家、彫刻家、画家）。空間主義の運動の創始者と
　言われ、彼の作品は「概念芸術」の先駆けとなった。

こうなってくると「アートの価値って？」という疑問が湧いて当然ですよね。「簡単に量産できるものに、何千万円もの値段がつくってどういうことですか？」と。

ちなみに……先生はどう思ったんですか？

うまくやったなぁ。

私と同じ感想じゃないですか（笑）。

私はそういう真似ができないから癪（しゃく）にさわるところはあるけど、たしかに新しい価値が生まれたワケで。

それは悪いことではない？

悪いことじゃありません。結局、現代アートのようなわかりづらいものに関しては、**「感動はあとからつくられる」**ところがあるので。

面白い。

だって最初から「感動ありき」で作品をつくったら、**現代人の常識に寄り添った感動**とか、**身についた霊感**といったことしか表現できないですよね。
そういった人間の生理学的な限界のなかで「新しいもの」が湧き上がるのを待っていても、なかなか進化しない。

たしかに、「ありきたり」な作品ばかりになりそう。

でしょう？　それだったら、**従来は大衆芸術の世界で使われるようなプロモーションのテクニックを使って、批評家も巻き込んで自分をブランディングして、作品を拡散させる。**
そうやって「人為的につくられた感動」というのは、もしかしたらいままでにない新種の感動かもしれない。それはそれで大事なことですよね。

先生、心が広い！

いやいや。でも、気に食わないと言って排斥（はいせき）するのは誰でもできるから。

いま、そういう流れもありますよね。ネットで炎上したら「よくないもの」みたいにされてしまう……。

アートは自由な表現のなかにないといけません。「それもありか。才能のある芸術家が霊感と技量を使い、精魂込めて作品をつくるだけがアートじゃないんだな」ということを認める。アートの発展には、**「多様性への寛容の精神」**が大事と思います。

そもそも良質な芸術作品は歴史上たくさんある。そんななかでいまのアートは「確定された価値」ではなく、どんどん「新しいもの」を目指したほうがいいんじゃないでしょうか。

「表現の不自由展」から学べること

　「多様性への寛容の精神」で思い出すのは、2019 年に開催された「あいちトリエンナーレ 2019」展ですね。

　展示されていた慰安婦像に批判が集まって「表現の不自由展」が中止に追い込まれました。

　「表現の不自由展」に関してはいろいろな論争が飛び交っていますけど、結局あれは「脅迫」という暴挙に出たテロリストに主催者が屈してしまった……ということだけが、事の本質と私は考えています。展示中止のあと、文化庁が補助金の交付を取りやめにして（のちに減額交付）、「表現の自由を侵害している」などと言われましたが、それはまったくの誤解。

　そもそも、「表現の自由」とはなんでしょうか？
「表現の自由」という言葉は、「国家権力による不当な表現規制を禁ずるために憲法で定められたルール」で、「国家は芸術を援助しなければならない」という意味ではありません。美術展に国が補助金を出さないからといって、規制したワケではないので、「表現の自由」を侵したとは言えないのです。

　何より重要なのは、「表現の自由」は「国家 vs 市民」の図式のときに使われること。
「表現の不自由展」で取り上げられた作品は、国家ではなく民間によって自主規制された経歴を持つ作品でした。

　慰安婦像にしても、もともと政府が展示を禁じたわけではありません。

　つまり展示のテーマそのものが、「市民 vs 市民」という図式。

「いまの日本ではこんな表現をすると自主規制がかかりますよ。みなさんはどう思いますか？」という問いを提示する「メタ展示」と呼ばれる展示会なんです。

　しかも今回は、主催者に対して脅迫が届いたことで中止が決まっています。するともはや「市民の自由 vs 市民の自由」という自主規制の問題でもなくて、「テロリスト vs 市民」という図式。だから今回の一件について「表現の自由」という言葉を繰り返すマスコミ、学者、評論家がいたとしたら、その人たちは全員、見当違いのことを言っています。表現の自由というよりも犯罪行為ですから、徹底的に国家権力が介入して脅迫者を取り締まり、予防措置を講じて対処する。それだけの話です。

「慰安婦像」についても賛否はありますが、もし内容がウソでも有害だとしてもアートはアート。展示は「アリ」です。
　慰安婦像を韓国政府が押し付けてきたならともかく、あの作品を世界に広めようとしているのは民間団体。となると、見る自由、見せる自由は侵されてはいけません。

　政治色が強いとアートらしくない気がするかもしれませんが、ピカソの「ゲルニカ」にしても、スピルバーグの「シンドラーのリスト」にしても、政治的なアート作品で優れたものはいくらでもあります。優れているかどうかがポイントではなく、たとえ「くだらない内容」と感じたとしても、それが表現封殺の理由になってはいけないんです。

➡ アートに「社会的な価値」などはいらない

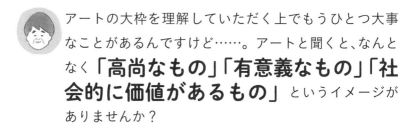 アートの大枠を理解していただく上でもうひとつ大事なことがあるんですけど……。アートと聞くと、なんとなく**「高尚なもの」「有意義なもの」「社会的に価値があるもの」**というイメージがありませんか？

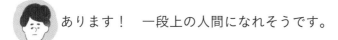 あります！　一段上の人間になれそうです。

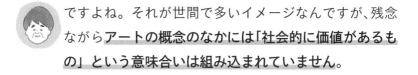 ですよね。それが世間で多いイメージなんですが、残念ながらアートの概念のなかには「社会的に価値があるもの」という意味合いは組み込まれていません。

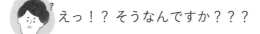 えっ！？　そうなんですか？？？

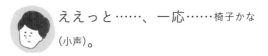 たとえば、座ったら怪我をする拷問用の椅子があったとしましょう。これって椅子ですか？

ええっと……、一応……椅子かな(小声)。

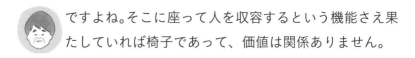 ですよね。そこに座って人を収容するという機能さえ果たしていれば椅子であって、価値は関係ありません。

そうですけど……（小声）。

 アートもそういうもの。**どんなに「有害」で「人々を堕落させ」て「つまらないもの」でも、アートの持つ本質を持っていれば「アート」と言わざるを得ないんです！！（キッパリ）**

 いやいや、でも一般的には……。

 おっしゃる通りで、「一般的にはアートは人生を豊かにするもの、あるいは文化的な意義を持ったものなんだから、そういうものだけをアートと呼ぼう」という態度表明は誰でもできます。

 私も、そういうふうに考えていました。

 実際、多くの人は「あんなものはアートじゃない」という表現をよく使いますよね。でもそれはもしかしたら、**アートに対して過度な期待をしすぎている**のかもしれません。

 アートに対する……過度な期待！？

 象徴的な出来事が2001年の9.11同時多発テロのときに起きました。ニューヨークのワールド・トレードセンターを倒壊させた自爆テロを **「アートだ！」** と言った人がいるんですね。

それは……すごいバッシングを浴びそう（汗）。

発言をしたのは、ドイツ人音楽家カールハインツ・シュトックハウゼン。20世紀で5本の指に入る作曲家です。彼が大規模な演奏会の前の記者会見で「アートの最大の作品だ」と

カールハインツ・シュトックハウゼン
（1928 - 2007 年）

言ったんですね。すると世界中から大バッシングを浴びて、演奏会も軒並み中止になってしまった。

そうなるでしょうね……。

なぜバッシングされたか？　それは世間が**「アートのなかに価値が含まれている」と壮大な勘違いをしているから**なんです。シュトックハウゼンの発言は、「テロを肯定している」ととらえられてしまったんですね。でも、そうじゃない。

「われわれアーティストは、あのテロのように人々に衝撃を与えることをやりたいんだ。われわれにできないことを彼らは飛行機の操縦を覚えることでやってのけてしまった。あれは、ルシファー（悪魔）が行った戦争のアートである」

とシュトックハウゼンは言ったんです。

あ、「ルシファーが」という主語があるんですね。

そうそう。だから彼なりに誤解されないように語ったんですけど、「アートの最大の作品だ」という部分だけが1人歩きしてしまった。**彼は「（衝撃を与えるという意味での）アートとしての価値が高い」と言っただけで、「テロの価値が高い」とはひとことも言っていません。**

 うううむ…………。

 たとえば、「核兵器は、爆弾としてすごい」と言うのと似ていて、爆弾を肯定しているワケではなく、爆弾の性能が高いと言っているだけ……という話に近いんです。

 わかるけど、心情的に難しい面もありますね……。

有害でも許されるのはアートだからこそ

 一方で「アートに価値があるって、本当にそう思ってる？」と感じることもあって。
たとえば自分の子供が「ニューヨークに行ってアーティストになる！」なんて言ったら、反対する親が圧倒的に多い。
アーティストって、本当に尊敬されているんですかね？　む

しろ「いかがわしい」とか「堕落している」と感じる人も多い気がして。

アートは認めるけど、アーティストは認めないって感じなんですかね。

もちろん、親の心情としては「堅実性（稼げる）」という天秤にかけているだけの場合が多いでしょうけど……。アートという概念のなかに「積極的に価値を含んでいる印象」と、「マイナスの価値を持っている印象」とが同居している人も多いんじゃないですかね。

でも、実際には「アートに価値を期待するな」と。

そうです。これは世の中の事件を見てもわかりますよ。大衆に支持されている歌手や俳優が、不倫や麻薬や反社会的勢力との付き合いが明るみにでたら、社会的なリンチをくらうわけですよ。テレビからは姿が消され、映画は上映されなくなり、CD は回収され……という憂き目を見るワケですね。

でも「本当の芸術的芸術家」は、別に不倫しようが、ドラッグを持ってようが、誰と付き合おうが関係ない。もちろん違法行為に対する処罰は平等に受けるけれども、だからといって作品が否定されることはないんです。

最近そういうニュース多いですよね〜。犯罪者の作品を回収すべきか、すべきじゃないか。

制作元が「自分たちがつくった作品はアートだ」と自負しているなら回収しなくていいんで

すよ、本来は。回収されてしまった時点でアーティストとしては敗北宣言しているのと一緒なんです。

ウィリアム・バロウズ^(※)という純文学作家なんてドラッグまみれですよ。だからと言って作品が否定されることはないですから。

つまり、アートのなかでも「芸術的価値の高いハイアート」と認められるということは、言い方は極端に聞こえるかもしれないけれど**「世間の価値観に反してもいいよ」**とお墨付きを得ることなんです。

アートという現実世界から分離した世界に入れば、たとえ有害なものであっても保護される。そういう意味で、**アートって基本的に有害なものが多い**んです。

世間の声に負けました

許して〜

※ウィリアム・バロウズ(1914 - 97年)……アメリカ生まれ。ビート・ジェネレーション（ニューヨークのアンダーグラウンド社会で生きる非遵法者の若者たち）を代表する小説家。代表作に映画化もされた『裸のランチ』がある。

変人をつらぬいた芸術家たち

ミケランジェロ^(※)だって生真面目な大芸術家のイメージがあるけど、実際には物々しい修道院や教会の壁画に、ヘビが裸体の男のペニスに噛み付いているような絵

を描いています。仲の悪かった役人をモデルにしたそう
ですけど（笑）

 エグい……。 (汗)

ミケランジェロ

モーツァルト

 モーツァルト^{（※）}だって、プライベートの手紙を見ると
「ウンコ」って無意味に連呼してい
ますから。

 小学生男子か！（笑）

※ミケランジェロ・ブオナローティ（1475 - 1564 年）…イタリアの
　彫刻家、画家、建築家、詩人。ルネサンス期に活躍し、後世の芸
　術家たちに大きな影響を与えた。
※ヴォルフガング・アマデウス・モーツァルト……（1756 - 91 年）オー
　ストリア（神聖ローマ帝国領）生まれの古典派音楽を代表する音
　楽家。

 そのレベル（笑）。アートって昔からそういうものなんです。でもそういう裏の話は歴史のなかで蒸留されてしまって、なんとなく健康的なイメージができ上がってしまっている。

 たとえば「自分はマンガが好きなんだけど、マンガはアートなのか？」みたいな疑問を持つ人も多いと思うんですね。

 大衆向けのマンガが役に立たないとは言いませんが、かといって「アートっぽいマンガ」が役に立つとも限らない。**「アートは常にマイナスの価値を持ってもいいもの」という自覚を持つことが、アートと向き合うときの基本姿勢**なんです。

だから「アートは子どもの教育にいいだろう」なんて勘違いしてしまったら危険で、映画にしても芸術映画を観せるよりはディズニーやスピルバーグの映画を観せたほうが情操教育にははるかにいいですよ。スピルバーグは作品のなかで絶対に子どもは殺しませんけど、**芸術映画なんて小さい子どもがバンバン殺されたり**しますしね。

親としては、子どもにアートを鑑賞させるのはいいけど、中身をちゃんとチェックしておかないと、ですね。

➡ アートとは時代の巨大な受け皿である

ここまでのお話をまとめると、アートは**時に有害ではあるが、社会にとって必要不可欠なものだ**、と？

間違いありません。「アートは残骸だ」という話をしましたが、逆にいうと**アートはその時代、その社会における「広い受け皿」になるという大事な機能がある**んです。

ああ……「多様性」の話にもつながりますね。

個人には保守的な趣味に閉じこもる権利があるけれども、「自分には理解できないから」という理由だけで「価値がない」「社会悪だ」といった結論に飛ぶのは非常にマズい。
自分にはまったく理解できないけど存在は認めてあげる。そういう社会をつくるということが重要なんだと思います。
「未知の価値を持っているかもしれない」という価値。
それを保証してあげないと社会はどんどん硬直化していきます。

人って基本、自分が知らないものを否定しますからね。

はい。自分が触れたことがないものが世の中にはものすごくたくさんあって、**「それらをすべてひっくるめて社会」**だと思えるかどうか。触れてみるのに越したことはないんだけど、仮に触れなくても、そして仮にまったく理解できなくても「まあ、これをいいと思っている人がいるんだろうな」という意識が重要なんです。

たしかに……歴史が証明していますけど、価値は大きく変わる可能性がありますもんね。

はい。それに、何か「新しい挑戦」がないと人間的な社会とは言えないじゃないですか。確立した価値観だけに凝り固まっているのは、ただの惰性（だせい）かもしれないし。

いまの価値観とはまったく違うマイナスの価値としか言えないようなものであっても、**果敢に新しいことを試していくアーティストは必要**なんです。

うぅぅ、私も、惰性で生きるのを改めます……。

今日の話をまとめますね。ハイアート、つまり「アートらしい作品」になればなるほど現実世界の常識や価値観と連動しないということです。連動しないから理解しづらいわけですが、**だからこそ、そこにアートとしての価値がある**。

じゃあ、ある程度敷居が高く感じるのは仕方がない。

逆に敷居が低く感じるということは、それは大衆芸術である可能性が高いんです。娯楽としての実利はあるけれども、**常識を揺さぶるような体験はできないかもしれない**。だから、提案したいのは、一見敷居が高く見える「ハイアート」を体験すること。

> ハイアートに自分を同化させてみよう！
> 現実とはまったく違う世界に飛び出すことができるかもしれない！！

こうです

少なくとも、凝り固まった枠組みから脱却する手がかりにはなると思いませんか？　その意味でビジネスパーソンにとってアート（特に現代アート）は価値が高いと言えますよね。

 思っていた以上に、自分が偏見と先入観で判断していたことに気づかされました……！　現実の価値観だけで、作品を判断するのはやめます！！

よ〜し！ さっそく私も明日から髪の毛を紫色にしなきゃ！

 …………。

アートだったらなんでも……許される!

　以前、会田誠という現代画家が SNS で叩かれました。美大の公開講座で芸術論を語った際、性的・暴力的な描写の画像を映しながら下ネタを連発したんです。

　もともと彼は性描写が強い作風で有名なんですけど、あろうことかその講座を受けた女性が、学校法人を「セクハラ」で訴えた。すると今度は SNS 上でも「作品を見たけど吐き気がした」「女性蔑視だ」とか、騒ぎ出した人たちがいるんです。「アートだったらなんでも許されるのか!」という意見もあったみたいですけど、許されるんですよ。

　たとえば異文化を尊重すべきだという倫理観を持っていても、女子割礼のような非人道的な慣習はなかなか受容できませんよね。ただ、アートのなかでは許されるんです。「女子割礼こそ最高の倫理だ」と表現する小説や映画が堂々と存在していい。現に、暴力や殺人を扱った作品も数えきれないほど存在しています。

　多様性を無制限に認めることができるのが、アートの世界なんです。

　特に現代アートは「現在進行形の価値観を問い直すもの」だから、世間からするとマイナスの価値を持ったものが非常に多い。現実にいい影響を及ぼすか、現実を堕落させていくか、それはわからない。でも「わからないから」というのは、アートの表現を排斥する理由にはならないんです。

3
日目

アートは進化論で学ぶと超面白い！

1 時間目 超面白く「アートの始まり」を教えてください!

アートが社会でどのような意味を持つかについて紹介してきましたが、そもそもアートはどのように生まれて、発展していったのでしょうか?「人類進化論」の観点から、アートを見ていきます。

➡ アートが生まれた理由を「進化」から考える

前回の授業でアートがなぜ必要なのかは、よ〜〜〜くわかりました! 今日は目先を変えて、アートの歴史についてお聞きしたいと思います。最初にお尋ねしたいのが先生のご専門である「美学」。美学って、どういう学問なんですか?

ひとことでいえば**「美意識の研究」**。あらゆる学問がそうですけど、美学の発祥も古代ギリシアにあります。普通に考えると「美」とか「アート」って、医学や物理学や法律といった学問とくらべると緊急性があるとは思われませんよね。でも、当時からかなりしっかりと研究されているんです。

 へぇ、意外！　必要性があったとは。

 美意識というものは**人間の根源的なところ**を扱う領域だからでしょうね。私がこの分野に興味を持ったのは高校生のときですけど、それもやはり美学が「一番人間くさい領域」を扱うから学ぶ価値があると思ったんですよ。

 早熟だなぁ。ところで、美学と芸術学って、違うんですか？

 美学はアート以外のことも扱いますからね。だから長らく**芸術学は「美学の一分野」**だったんですよ。古代ギリシアの時代も、美学といっても当時の市民の娯楽だった作劇のテクニックやあり方を論じるものがあったりして。

 へーーー。

ただ、現代は面倒なことにコンセプチュアル・アート
^(※)が意図的に「美」というものを裏切るようになって
きたので、アートが完全に美学の範疇に収まるかとい
うとそうでもなくなってきています。過去の歴史を研究
する美学者もいますが、私は現在進行形の問題に対応す
るほうに興味がありまして。

コンセプチュアル・アート……？？？

いわゆる「前衛アート」のなかでもいちばん極端な種類
ですね。「なぜこんなものが高く評価される社会になっ
たんだろう？」という根本には誰でも興味があると思い
ますが、でもいまのことを知るにせよ、アートがどうい
うふうにできて、どう展開してきたかの「歴史」を押さ
えておく必要はありますね。

美やアートが生まれてきた理由か……。不思議で
すね。なんでなんだろう？

なぜアートがあるのか？　なぜ人は美を求めるのか？
……そこを遡っていくとどうしても人類学の分野に
入ってしまうんです。

人類学？

※コンセプチュアル・アート……アイデア・アート、概念芸術、観
　念芸術などとも呼ばれる。物体そのものよりも、コンセプトやア
　イデアが重要とする芸術のあり方。デュシャンの作品を皮切りに
　ムーブメントが起こり、1960年代から1970年代にかけて世界的
　に広がった。

人類学は、人類に関しての総合的なことを研究対象とします。なので、社会科学、自然科学のすべての分野が混ざり合う場になっています。

 人類一般って！　めっちゃ範囲が広くないですか？

 実際、人類学のつながりでは**「進化美学」**という研究領域があります。人間が進化していくなかでアートがどうやって生まれてきたかを研究する理系の分野なんですよ。

 へぇ〜。文系の「美学」と理系の「人類学」がオーバーラップしているんですね。

➡ 動物にも「美意識」がある

 ちなみに人間以外の動物にもアートの概念ってあるんですか？

 そうですね……たとえば、チンパンジーやゾウが絵を描くとかありますよね？

 ああ、あの**「やらされている感」満載**のやつ（笑）。

 ああいう現象をもってチンパンジーやゾウに創作能力があるといえるかというと、答えは出ていません。

ただ、確実に**動物にも美意識はある**。たとえばチンパンジーにスマホを与えると器用に画面をスライドさせて、気に入った画像を拡大したり、飽きたらほかの画像を探したりするんです。

「このオスザル、超イケメンやん♡」って拡大してみたり……？（笑）

そのしぐさだけ見ていたら人間と同じでカワイイですよ。だから「鑑賞能力」はあるワケですが、「創作能力」があるのかといったら疑いの声をあげる研究者のほうが多いですね。

へっ？　創作はできないんですか？？

たとえばある実験でチンパンジーに赤いクレヨンを渡して絵を描かせたら、途中まではきれいな模様に見えるんですけど、そのまま放置していると紙が真っ赤になるまで塗り続けたりするんですけどね。監督者が横にいて、ちょうどいい頃合いになったかな〜ってところで「すごいね！　上手！」といって強制的に取り上げるワケですよ。

すみません……私、2歳の娘相手にやってます……（小声）。

チンパンジーくらい知的な動物になると創作能力を持った個体がいる可能性は否定できませんけど、結局は人間が操作しているケースがほとんどだよねというのが学者の見解です。

➡ 豪邸をつくってしまうアーティストな鳥

動物はアートと無縁なのかぁ。

ただ、オーストラリアのニワシドリなんかは、人間顔負けのアートな建築家ですからね。漢字も「庭師鳥」と書く。

建築家？　キレイな巣をつくるってことですか？

そうそう。巣づくりにこだわる鳥はいっぱいいますけど、ニワシドリは巣のデザインにこだわるだけではなく、巣の周囲をいったんキレイにして、赤い木の実を自分の庭の一箇所に集めたかと思うと、青いペットボトルのフタを別の箇所に集めたり、カタツムリの殻を配置したりして、まさに**巣全体を１つのギャラリーにする**んですね。

ちょっと失礼して、ググります。
……おぉ、まるで**オープンテラスのカフェ！！**

すごいですよね。これをせっせとつくっているのはオス鳥。あるコロニーがあったら、その一帯にオスが巣をそれぞれ構えていきます。メスはそれを順々に見て回って、一番きれいな巣ができたオスのところに行って交尾をするんです。

オスからすると**アートセンスは死活問題。**

そのとおり。センスのない、みすぼらしい巣しかつくれない鳥は誰にも相手にしてもらえないから、遺伝子を残せない。逆に創造性のあるオスが繁殖し、その創造性は次の世代、次の世代へと伝えられていく。

じゃあニワシドリの創造性はどんどん進化している？

それが定説です。もう1つ重要なポイントがあってね。**オスの創造性に比例して、メスの鑑賞能力も鋭くなっていく。** 鑑賞能力がないと、つまらない巣しかつくれないオスと交尾してしまうかもしれない。すると自分の子どもがモテなくなってしまうから不利だよね。だからオスはすばらしい巣をつくり、メスはすばらしい巣を選別する……という具合に進化していくワケです。

なるほど〜〜〜。**モテ、重要！**

これは求愛行動をとるどんな動物にも言えて、たとえばクジャクも有名。クジャクの羽はオスがキレイでメスは地味。立派な模様を持ったオスがいたらメスは交尾を許すんです。

⇨ **アルタミラ洞窟の絵が描かれたのは「モテ」のため!?**

 あ、じゃあもしかして人間も……。

 はい。ご想像の通り、**モテるためにアートが生まれた**というのが定説です。

 やっぱり……!（笑）

 人類最古の絵画というと、約2万年前の旧石器時代に描かれたというスペインのアルタミラ洞窟の壁画が有名です。牛や馬などの絵が描かれています。

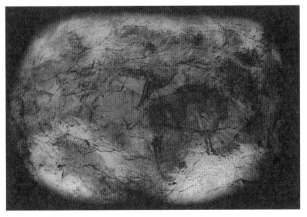

洞窟の壁画に描かれた狩りの様子（アルタミラ洞窟壁画のレプリカ）
スペイン国立考古学博物館

当時の男性たちは昼間、草原に出て狩りをして、女性たちは子どもを連れて森などに行き、木の実や小動物を捕まえていたと考えられているんです。これってつまり、狩りをしなくても最低限の食料は確保できるということなんです。

えええっ？　なんでわざわざケガや死のリスクを冒してまで、狩りをしたんですかね……（汗）。

英雄（ヒーロー）になるためですよ。そういう意味ではスポーツとも言えるし、ギャンブルとも言える。確実に捕まえられる獲物を捕ったところで英雄になれないので、ほとんどは手ぶらで帰ってくる。

だから大型の獲物が捕れればその男性は「英雄」になれますが、仮に獲物が取れなかったとしても、「こんな危険な目に遭ってさぁ〜」とか、「こんなふうに動物の群れを追い込んだんだよね〜」とか、**狩りの様子を上手な絵で再現して女性たちに語ることができる男がいたら、それはそれで人気者になれる。**

じゃ…じゃあ、アルタミラ洞窟の絵は「狩りの仕方を後世に伝え残そう！」みたいな実用的な話ではなく……？

 もっぱら言われているのが**「うまい絵を見せびらかしたい！」**という「武勇伝説」です。

それに絵がうまいというのは脳と手の筋肉が人より連動して動くということで神経組織が優れている証拠ですから、それだけでもモテますよね、だからアルタミラ洞窟の絵もいろんな構図で牛を描いてたりしていて、明らかに絵の練習をしているんですよ。

 へぇ、そうなんですね。

 これが進化心理学の基本的な考え方で、1970年代くらいから有力な説になっています。アルタミラ洞窟の絵は、クジャクの羽と一緒、**つまりモテ。**

羽 ＝ モテ

 動物園でクジャクを見るといつも思うんですけど、あんな重たそうな羽をズルズル引きずっていたら、敵に狙われるんじゃないんですかね……？

サバイバルの観点で見ると**圧倒的に生存に不利**。キツネに襲われる確率も、地味なメスより派手なオスのほうが高いことがわかっています。それにあんなに重い羽を持っているということはその分、体力も使うし、美しい羽のための栄養も取らないといけないから大変です。

でも、そういう負担を抱えながらもちゃんと生き延びて羽をキレイな状態で維持し続けられるというのは、**それだけ体力がある優れたオスである証拠**。人間っぽくいえば、余裕がある。だからメスが惹かれるワケで。

 ……いま頭の中に、葉巻をくわえて指輪をジャラジャラしたお金持ちが思い浮かびました（笑）。

 まったく一緒（笑）。クジャクの羽は、いまの人間社会におけるお金だったり、「いいね！」の数だったり、アートを含んだあらゆる自己表現手段だったりするだけです。

 そうかぁ。

 だって人間だって生存率を高めたいならお金なんてせっせと貯金したほうがいいんじゃないですか？　でも**動物的本能でいえば、女は余裕のない男に魅力を感じ**

ない。男性と女性がデートをするときに男性が奢るのは、余裕のある男性に魅力を感じるようにできているからです。もはや酒の肴みたいな話に聞こえますけど、進化心理学や進化美学ではまったくの定説。

 ？えっ……**奢る男性がモテる起源は、ダーウィン？？？**

 はい。生存率を少しでも高めるメカニズムのことを**「自然選択」**と言いますけど、配偶相手を見つけないといけない動物に関しては、自然選択の力だけではムリ。生物にとって重要なのはいかに自分の遺伝子を次世代に伝えるかであり、そのためには配偶者を獲得する能力がオス、メスともに進化していくのが当然であると。これをダーウィンは**「性選択」**と呼んだんですよねぇ。

 言われてみるとそうですね。

 だから生物の世界では、**自分が長生きするかどうかなんて重要なことではない**んです。それより多少リスクを冒しても自分を魅力的に見せて、配偶者を見つけて優秀な子孫を残すことのほうが重要。カマキリだって交尾中にメスはオスを食べちゃいますからね。オスを食べることで貴重な栄養源になってそのオスの遺伝子も増えるんですよ。

 食べられるんスか……（涙）。人間社会の「太く短く」って、実は進化論的な生き方だったのか！

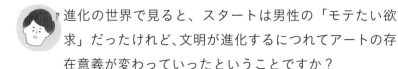

創作熱心なのは男、鑑賞能力が高いのは女

? 進化の世界で見ると、スタートは男性の「モテたい欲求」だったけれど、文明が進化するにつれてアートの存在意義が変わっていったということですか？

もちろん変わっていきましたけど、根本的なところは変わっていないと思います。「モテたい」「目立ちたい」という繁殖衝動。歴史を振り返ってもアーティストは圧倒的に男性が多いんです。**絵画にしても、作曲にしても、小説にしても、作者は男性ばっかり。**

男性が政治や経済に熱を入れるのはわかりやすいですよね。権力が持てるから。結局のところ、「目立ちたい！」「モテたい！」という「自己顕示欲」なんですよねぇ。

 男って……（涙）。

逆に、**アートの鑑賞者は女性が多い**んです。美術館もコンサートホールも演芸場も、女性が多いと思いませんか？

 あああ……よく考えたら女性服のデザイナーも男性が多いし、料理だって一流シェフと言われている人たちはほとんど男性ですね。……あ、でもクラシック音楽のオーケストラとか、女性が多いじゃないですか。

 演奏家はね。だけど**作曲家や指揮者は圧倒的に男性が多い**。それもちゃんと理屈が通っていて、演奏家は楽譜を見たときの鑑賞眼が試されるわけですね。特にピアノやバイオリンのようなソリストは自分なりの解釈が表現できますよね。

 おぉ……めちゃくちゃ納得しました。

 男性が演じ、女性がそれを厳しく鑑賞するという構図は、どの時代、どの文化圏に行ってもほぼ同じ。たとえば言語能力なんて基本的に女性のほうが高いんですよ。それにもかかわらず、名だたる小説家を並べたら男性だらけ。**男はアピールしたくてしようがない（笑）。**

まあまあかなぁ

その構図は、現代アートでも変わらない？

だんだん変わっていくと思うんですけど、相変わらずですよね。ただ、付け加えたほうがいいと思うのが、「ユーザー目線でものをつくる」ことについてです。

ユーザー目線……。進化論に従えば、**女性のほうが有利なんじゃないか**……？　という気がしてきました。

私もそう思います。鑑賞能力は女性のほうが高いワケですから、**女性のほうがユーザーに寄り添ったデザインや企画とかを考えやすい**、ということは言えるでしょうね。そこで求められるのは「鑑賞者としてのセンス」ですから。

なるほど……！　男性も、アートを鑑賞する習慣をつけて、「ユーザー目線」を身につけたいですね……！！！

➡ 人の遺伝子は5000年ぽっちでは変わらない

ただ人文科学や社会科学の世界では、なるべくこの「進化論は使わない」というのが暗黙の 掟 になっているんですよ。

え……？　すんなりわかる気がしましたけど。

理想論を語りたがるから、「人間も結局は動物だよね〜」と言ってしまうといろいろ不都合なんです。
「人間は理性的で、動物的本性は小さいから、社会を改革すれば人間もどんどん変わっていけるよね！」と考えたほうが、社会改革の動機になりやすい。

……ううむ、ちょっとイデオロギーのにおいが……。

大学の講義で、進化美学のところに差しかかると、学生から必ず「男女差別だ」という苦情がきてしまう。
文科系ってそのあたりちょっと面倒なところがあるんです。特に社会学者は、進化論に対して、強い拒絶反応がある気がするなぁ。

はあ……。

でも、アートの世界はそこまで政治色が強くないので、「配偶者獲得説」でもなんでも面白ければ受け入れてもらえます。まあ、科学的に見ても、「人間が動物的本能に従って動いている部分」を認めないと、あらゆることが説明つきませんからね。

そもそも500万年の人類史のうち、都市文明なんてたかが5000年。**人間の遺伝子が変わるには全然足りません。**本能の部分はそうそう変わらないですよ。環境の変化はめまぐるしいスピードで起きていますけど、そこにまだ人間は適応しきっていないんです。

たとえば、たまに公園とかでおじいちゃんが1人で風景画を描いていたりすると、いい趣味だなぁ、なんてのんきに見ていたんですけど……実は、**「めっちゃモテたい！」**と思っている？（笑）

 意識的には感じていないかもしれないけれど、無意識で遺伝子の作用に従っていることはありえますよ。大昔なら有利に働いていたけど、それが役に立たなくなったいまの時代でも受け継いでしまうことを**「前適応」**と言います。

 へえ。

 話をまとめると、現代においてアートは実用性を失っていますけど、元をたどれば、**アートは「子孫繁栄」という「これ以上ないくらい実用的」なところから始まった**ということですね。

なぜ、人間は女性が「飾る性」になった？

　クジャクはオスのほうが派手ですが、人間の場合、自分を美しく見せようとするのってむしろ女性のほうが多いですよね。

　それは、「一夫一妻制」が原因なのではないかと考えています。

　実際いろいろな民族の実地調査を見ると、一夫多妻制の民族だと、男のほうが体に装飾をすることが多い。でも都市文明が発達して一夫一妻制が当たり前になったことから、状況が変わってきたのではないでしょうか。

　遺伝子を解析した結果わかっていることですが、人類史上、大体どの時代も、たった1割程度の男性と、ほとんどすべての女性との間で、子どもを産み育ててきている。

　でも、一夫一妻制になると、余裕のある優れた男性を獲得できるのは少数の女性だけになる。だから優れた男性の目に留まるため、キレイに着飾って、しっかり自分をアピールしないといけなくなってしまったのではないかと思います。

　ただし、一夫多妻制のもとでも、すでに女性の化粧は重要だったと考えられます。人間はほかの動物に比べても子どもが未熟で生まれ、子育てに手がかかる。だから少しでも夫の協力を多く得られた妻が有利。そこで化粧をして妻同士で競い合った。

　一夫一妻になると、夫を得る前から競争が始まることとなり、女性の自己アピールがさらに進化したのでしょう。

　このように「理屈で納得のゆく理由」を出せるのが、進化論的アプローチの魅力です。

2

パラダイムで見る
ざっくりアート史

ここでは、一般的な知識として知っておきたい「西洋美術史」の流れを
三浦先生オリジナルの「パラダイム美術史」で紹介していきます。

⇨「パラダイム転換」で見ると美術史は超新鮮!

 アートは進化論でとらえると面白いな〜。

●西洋美術史のながれ

原始・古代美術	中世美術	ルネサンス美術	
・メソポタミア美術 ・エジプト美術 ・ギリシア美術 ・ローマ美術 など	・初期キリスト教美術 ・中世初期 ・ロマネスク ・ゴシック ・国際ゴシック ・ビザンチン など	・ルネサンス（前期・盛期・後期）：イタリアで起こったギリシア・ローマの古代文化を復興する運動。ミケランジェロ、ダ・ヴィンチ、ラファエロなど多くの巨匠を生む。 例：ダ・ヴィンチ「最後の晩餐」 ・北方ルネサンス：イタリア以外のルネサンス運動のこと。 例：プリマティッチオ「ヘレネの陵辱」 ・マニエリスム：ルネサンス後期からバロックの間に起きた潮流。 例：パルミジャニーノ「長い首の聖母」 など	・バロック：カトリック教会や王政が政治利用。コントラストが強く、装飾過多。 例：フェルメール「真珠の耳飾りの少女」 ・ロココ：アートの中心がイタリアからフランスへ。表層的で官能的。 例：フラゴナール「ぶらんこ」 など

？ただ、「一般的な知識」として、西洋美術史の流れも一応教えていただけますか？

あ、美術史ね、ハイハイ。まあ、下の年表でも見ておいてください。

おお、学校の教科書で見たことがある気がします。それにしても細かいな……。

そうなんですよ。ただ、正直、私は**こういう細かい分類でアートをとらえていない**んです。

えっ、美学の先生なのに？　まさかよく知らないとか？

近世美術	近代美術	現代美術
・**ロマン主義**：主観に重きを置く。新古典主義と対立。 　例：ドラクロワ「民衆を導く自由の女神」 ・**新古典主義**：ロココの反動。ギリシア芸術への回帰。 　例：ダヴィッド「ベルナール峠からアルプスを越えるボナパルト」 ・**象徴主義（象徴派）**：神秘的な世界観の可視化を試みる。 　例：モロー「オルフェウス」 ・**写実主義**：ロマン主義の反動。現実をそのまま再現。 　例：クールベ「出会い」 ・**印象主義**：19世紀後半にフランスで起きた芸術運動。斬新な画法を試す。 　例：モネ「印象・日の出」 など	・**抽象表現主義**：アメリカのニューヨーク発祥。創作過程を重視した抽象画。 　例：ポロック「五尋の深み」 ・**キュビズム**：形態の極端な抽象化。 　例：ピカソ「アビニョンの娘たち」 ・**ダダイズム**：常識、秩序、理性の否定。「レディメイド」も含む。 　例：デュシャン「泉」 ・**シュールレアリズム**：フロイトの影響で発展。無意識、夢を題材にする。 　例：ルネ・マグリット「イメージの裏切り」 ・**コンセプチュアル・アート**：概念そのものに価値を置く作品。 　例：マンゾーニ「芸術家の呼吸」 ・**ポップ・アート**：大量消費社会をテーマとする。 　例：ウォーホル「キャンベルスープの缶」 など

知ってますよ（笑）。

私は、「アートの存在意義」とか「アートの定義」といった、**哲学的な視点からアートの歴史を見る**んです。ある意味、アートをざっくり見ようとするんですね。

先生の「ざっくりアート史」のほうが興味あるなぁ。

そうですか！　じゃあ、説明しましょうか。まずですね、初日にパラダイム転換の話をしたかと思いますが、**アートの世界も「パラダイム転換の歴史」**なんです。こんな感じに。

パライダム転換①　再現主義

「できるだけリアルに描こう」

パラダイム転換②　世俗主義

「宗教以外のことも絵の対象にしよう」

パラダイム転換③　表現主義

「人の感情を動かそう、もしくは感情を描こう」

パラダイム転換④　形式主義

「描かれた対象より、描いた作品自体に価値がある」

パラダイム転換⑤　手法中心主義

「作品の描き方に価値がある」

パラダイム転換⑥　コンセプト主義

「作品を成り立たせる哲学に価値がある」

パラダイム転換⑦　プロジェクト主義

「作品の売り方で価値が決まる」

面白い！ いろんな常識が変わってきたんですね。

そうです。だから「どんなパラダイム転換が起きてきたか？」を追えば、アートの歴史はつかめるんです。

おお〜！ でも、ちょっと難しそう……（笑）。

大丈夫ですよ。1つずつ説明しますね。

➡ ①再現主義「もっとリアルに描こう！」

まず、アートの世界で最初に起きたパラダイム転換は**「象徴主義から再現主義へのシフト」**です。

めっちゃ、ペッタリしてます。マンガのデフォルメされたキャラクターみたい（笑）。

古代から中世にかけてギリシアやエジプトなどさまざまなアート作品がつくられたわけですが、絵の描き方自体は、「まあ雰囲気が伝わればいいだろう」くらいのもので、かなり象徴的に描かれてきたんです。

古代エジプトの「ファラオ」

私でも描けそうなレベル感です（笑）。

フラ・アンジェリコ「受胎告知」（1437-46年頃）フィレンツェ・サン・マルコ美術館

 しかし、そこに **「遠近法」** という画期的な画法が確立されたことで状況が変わったんです。

ルネサンス^{（※）}の時代になると、アーティストはこぞってリアルな絵を描くようになりました。もともと人間は「上手に絵を描きたい」という欲求を持っているわけですけど、ようやくそれを実現する技法を手にすることができたワケです。

 それは大きな転換ですね～。

※ルネサンス……「再生」を意味するフランス語。14〜16世紀頃、西ヨーロッパを中心に起こった、古代ギリシアやローマの文化を復興させようという運動を指す。

➡ ②世俗主義「宗教以外のことも描きたい」

 次に起きた大きな変化が、17世紀頃にイタリアを中心に起こった**「世俗主義」**。これは、**「宗教からの離脱」**を意味します。ルネサンス期を含め、それまでのアートは基本的に宗教、特に<u>キリスト教の教えを広めたり、教会の力を誇示したりするために</u>描かれてきた。

 進化論でいう「モテるため」ですね。

 そうです。でも、16〜17世紀にコペルニクス（1473〜1543年）やガリレオ（1564〜1642年）が出てきて、科学の影響力と比例して宗教の力が弱まると、**「アートって神様と無関係でもよくね？」**と

ヨハネス・フェルメール「牛乳を注ぐ女」
（1658 - 60年頃）
アムステルダム国立美術館

いう人が増えてきた。その結果、自画像のような形で時代の権力者がアートを利用したり、もしくは何げない風景を描いたりするアーティストが出てくるんです。アートの幅が広がった、という意味で大きな転換期になっています。

 ほほ〜。

次は一気に19世紀に飛ぶんですが、**「表現主義」**というものが出てきます。

ウジェーヌ・ドラクロワ「アルジェの女たち」
（1834年）ルーヴル美術館

「ロマン主義」とほぼ重なる系統で、「人の主観」とか「人の感情」にフォーカスした作品が出てきた。それまでは目に見える対象をいかにうまくキャンバス上で再現しきるかにアートの主眼が置かれていましたが、表現主義の時代になると人の内面を絵として描いたり、もしくは鑑賞者の心を大きく揺さぶることを目的とした絵がたくさん出てきます。

 うまく描くよりも、内面をとらえるか……面白いなあ。

 ここまでの話が近代アートまでの話。このあとから20世紀以降に起きたパラダイム転換の話になります。

え？　次から全部、現代アートなんだ！

④形式主義「描いた作品そのものに価値がある」

ポイントとしては、**近代アートまでは芸術の揺り戻しは常にありながらも、なんとなく一方向の大きな流れがある**んです。でも**現代アートは、とても混沌としていて、一方向でもないし、変化のスピードが早い**という特徴があります。それを踏まえた上で、現れたのが「**形式主義**」です。

なんの「形式」なんですか？

「**抽象絵画が生まれた**」と思ってください。たとえばモンドリアン（※）という画家は、線を何本も書いて、そこにできた四角をいろいろな色で塗りつぶすという作品で有名です。

ピエト・モンドリアン「Tableau I」
（1921 年）ハーグ市立美術館

※ピエト・モンドリアン（1872 - 1944 年）……オランダの画家。冷たい抽象と呼ばれる作風が特徴。

あ、見たことある！

これって現代人の感覚からすると普通ですけど、アートの歴史で見ると**とんでもなく斬新**ですよね？

斬新……ってことに、いまはじめて気づきました（笑）。

「写実的に再現」することから「感情を表現」することに力点が移って、次は「形そのもの」を描く。つまり、**対象物は関係なくて、その作品自体が主役になった**ワケですね。

➡ ⑤手法中心主義「作品の描き方にこだわる」

形式主義が出てくると、必然的に「どんなスタイルの画法で描くか」ということにアーティストたちはこだわり始めます。それが次の転換、**「手法中心主義」**。

手法中心主義なんて聞いたこともなかったです……。

でしょうね。**いま私がつくったので（笑）。**
手法中心主義は、キュビズム（※）、ダダイズム（※）、シュールレアリズム（※）ミニマリズム（※）といった「イズム」をすべて含みます。

代表的なのは、ピカソ（※）ですか？

パブロ・ピカソの絵画「ゲルニカ」をもとにつくられた「ゲルニカ壁画」

はい。彼はいろいろな手法を駆使したアーティストなので、**「手法中心主義の権化」**と言っていい。

※キュビズム……パブロ・ピカソとジョルジュ・ブラックによって
　創始された絵画様式。1つの視点からだけでなく、さまざまな角
　度から見たものを1つの画面に収める画法。

※ダダイズム……スイスで生まれた芸術上の主義。第一次世界大戦
　に対する抵抗やそれによって生まれる虚無が根底にあり、既成や
　常識の否定、破壊といったような思想が特徴。

※シュールレアリズム……1920年頃、フランスの詩人アンドレ・ブ
　ルトンによって提唱された思想活動。現実から切り離され、個人
　の意識よりも集団の意識や無意識、夢、偶然を重視した。

※ミニマリズム……1950年代に現れた様式で、最小限の素材、最大
　限の省略によって空間を演出するアートの総称。

※パブロ・ピカソ（1881 - 1973年）……スペイン生まれ。「キュビズム」
　はじめさまざまな画法を構築していった、20世紀を代表する画家。

⮕ ⑥コンセプト主義「作品の哲学に価値がある」

 次が、「コンセプチュアル・アート」ですね。

 次のパラダイム転換は並行して起こったもので、まずひとつは**「コンセプト主義」**。「コンセプチュアル・アート」の誕生です。あとで詳しく説明しますが、ここにくると**作品の見た目や手法すらどうでもよくなって、「作品に込められる哲学」に価値が見出される**。アートから「見栄え」を切り離すので、ある意味、自己否定的で非常に革新的です。

 「見た目がどうでもいい」ってすごい思想ですね……。たしかに、アートの歴史のなかでは革命なんだろうなぁ。

⮕ ⑦プロジェクト主義
「作品をつくる流れそのものがアート」

 もうひとつは**「プロジェクト主義」**。2日目にお話ししたように、いまやアーティストの成功を分けるのは、**「プロモーション力」**と**「人脈」**と**「戦略的なブランディング」**です。アートに関わる一連の流れ（プロジェクト）自体が、「アート作品」そのものと混然一体となる。これもいままでのアートにはなかった、新しい流れです。

 これ、アートビジネスとも関わってきますね！

➡ 次の転換でアートの価値はどう変わる？

アートの歴史、面白かったな〜。時代の価値観とともに、変わっていくんですね！　ちなみに……次に起きそうなパラダイム転換はなんですかね？（ゴクリ）

「本物の価値がなくなること」

ではないかと思っていて。というのも 8K テレビの画質の 3300 万画素というのは、人間の肉眼の解像度を上回るそうです。8K が普及したら、いままでは美術館に行って本物を鑑賞することに価値があるとみなされていた絵画や彫刻が、**「本物を超えたデジタル」で済んでしまうかもしれない。**

おおお……たしかに！！

現代アートの特徴として、コピーして大量生産できるレコード・CD やビデオ・DVD などの「複製芸術」というものが生まれ、それが大衆芸術の誕生につながったという大きな話もあるんですが、絵画や彫刻などのいまは「オンリーワン」とされる単数芸術の作品すら、技術が進んで複数芸術化される可能性がある。**本物とニセモノに大差がない状態になるというのは、アートの常識をいろいろと壊す**かもしれません。

たとえば8Kの額縁が出てきて、好きな絵画をオンデマンドで選べるようになったり、3Dプリンタの技術が進

んで彫刻を複製できたり……？？？

そうなると、アート市場のあり方もかなり変わります。ここまで、ざっと西洋美術史をなぞったワケですが、いまの話を究極的にシンプルな形で説明するなら**「昔は写実的。いまは抽象的」**。これだけで OK。

超シンプル（笑）！

でも本当にそうなんです。昔の絵画や彫刻は、政治家や宗教家が市民に権力を誇示したり、物語を伝える際の実用的なツールとして主に使われてきたので、**「実物に近い作品」**をつくった**アーティストが高く評価**されてきた。「鳥が間違えて、この画家の描いた果物をついばんだぞ」といったエピソードが作品と一緒に広まるような時代です。

一方、いまの時代、実物に忠実に描いたところで「上手だね」とは言われるけれど、アーティストとしては尊敬されません。
むしろキレイなだけの絵を描いたら「まだそんなつまらないことやっているの？　ずいぶん保守的だね」とほかのアーティストから軽蔑されます。ダリ（※）ですら、い

まは「**キッチュ**」と言われるほ
ど。

ダリってだり（誰）……？　が
ニセの芸術？？？

そう。彼は天才的に絵がうまい
んです。内容は写実的ではない
し、ワケのわからない絵を描い
ているけれど、抜群にうまい。

ペットのオセロットと写るダリ
（1965 年頃）

だけど、うまい絵を描くだけで**「表面的に人の目を
引きつけるだけのつまらない絵」**という解釈が成
り立ってしまうのが現代なんです。

じゃあ、上手に絵を描ける人でも**「あえて崩して描く」**
のがトレンドなんですか？　いわゆる「ヘタうま」みた
いな……？

そう。ベースの技量は必要だけど、「技量をアピール材
料にしたら負け」みたいなところがあるんです。

むしろいまは理屈の時代ですから批評家の言説をどれ
だけ集めるかの勝負。となると、「写実的でわかりやす
い絵画とはなるべく離れたもの」をつくるアーティスト
のほうが批評家の言説を集めやすい。

※サルバドール・ダリ（1904 – 89 年）……スペイン生まれ。シュー
　ルレアリスムの代表的な画家で、数々の奇行や逸話があることで
　も有名。

パッと見ただけでは心地よくない。パッと見て女の子にキャーキャー騒がれるようなものでもない。だから**アートがどんどん抽象的、哲学的になっていっている**ワケですね。

抽象化に舵を切ったきっかけはなんですか？

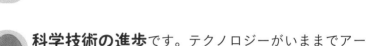**科学技術の進歩**です。テクノロジーがいままでアートが果たしてきた機能を代替するようになったからですよ。**特に大きな変化がカメラの出現**ですね。カメラは19世紀に出てきましたけど、先ほどの私なりのアートの区分で言うと、「表現主義」の時代なんですね。実物を忠実に再現することに関しては絵画が写真にかなわないので、感情面にフォーカスしようと。写真を撮ればいいし、**肖像画家なんてお呼びじゃない**と。

腕のいいスタジオカメラマンがいればいい？

そう。でもそのカメラマンの技量も近いうちに不要になるでしょうね。スマホとAIがあれば。
時代・環境が変われば、どういう創作技術がもてはやされるかは当然変わってくるわけですね。

じゃあ、現代人が昔の人の肖像画を美術館で見る価値は
あまりないんですか?

絵画には絵画ならではの迫力がありますし、「こんな人
がいたんだぁ」「本当はハゲてたんじゃないの?」と想
像するだけで**異空間を体験できる**ので、まったく価
値がなくなるワケではありません。

⇨ 「グローバル化」が進むと自由が失われる?

ざっと美術史を見てきましたけど……何を見たらいい
のか。**日本人に合ったアート**ってあるんですか?

民族性や文化圏によって人間の性質の傾向があること
は心理学が実証しているし、民族性に合致しているから
こそ伝統的なアートが受け継がれてきたというのはあ
ります。ただ、それが日本人に合っているのかというと
……どうかなぁ。

合うものはない……?

というかね、日本人はもともと平面的な絵を描いてきた
ワケです。浮世絵とか。西洋では物珍しく、もてはやさ
れたけど、西洋の遠近法を用いた画法が明治時代に入っ
てきたら、みんなそっちに関心が移ったんです。

つまり、違う画法を知らなかっただけ。

そう。単なる進歩の問題と言えるのかもしれないですが。だから**日本で生まれたものが、日本人の感性に合っているかというと、そんな保証はない**ですね。

そういう意味だと、いまインターネットの時代になって国ごとのアートの特徴はだいぶなくなったんですか？

なくなっていますね。日本画だって使う道具や技術が日本画固有の形式にしたがっているだけで、パッと見、洋画と区別がつかないですからね。

だから**「アートのグローバル化」は起きています。**

ただ、1つ大きな問題があって、「グローバル化」とは結局、「欧米化」のことなんです。知のシステムをつくり出したのは全部ヨーロッパなのでそれは仕方のない話なんですが、今度はマジョリティとマイノリティの扱いの差が問題になってくる。

ん？？？　どういうことですか？

バリ島に旅行して現地の音楽を聞こうとしたのに、ピアノやバイオリンで優雅に演奏されたら、どう思います？

「おい、金返せ」（笑）。

でしょう？（笑）。でも、西洋の音楽家がバリ島のガムランを使ったり、日本の尺八を使ったり、アフリカのカリンバを使っても、誰も文句をいいません。

つまり**マジョリティに対しては何も要求しないのに、マイノリティに対しては純粋性を要求しがち**。枠にはめようとするんですね。アートに限った話ではないでしょうけども。

日本に来た旅行者が、**「なんで日本人は着物を着てないんだ…！？」** と落胆する感覚と同じですね。

一緒です。だから最近「多様性」という言葉がよく使われますけど、文化交流というものは、実は難しい問題で。

自分たちの文化を多様化しようとすると、ほかの文化との差がなくなっていく。

つまり、多様性を目指すほど、世界全体で見れば多様ではなくなっていく……なんて矛盾が生まれる。

アートというのは本来「自由」な世界であるはずなのに、「自由」が逆に制約をもたらしてしまう場面はどうしてもありますよ。まあ、ある程度均一化していくのは避けられないでしょうね。

コラムまんが

集中が過ぎる！ 三浦先生

※都市を上空から撮っている動画。

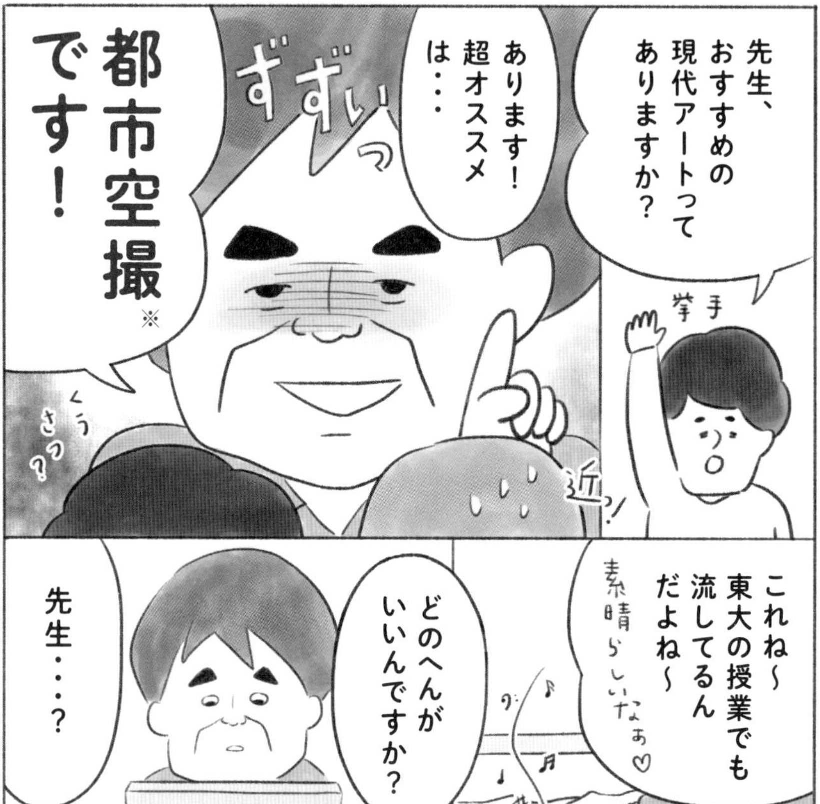

Miura
LABO

4
日目

刺激材としてのアート

現代アートの
魅力を
教えてください！

1
時間目

見かけよりも
哲学で勝負!
現代アート

3日目は、「アート史」の流れを紹介してきました。4日目では、いまの
ビジネスパーソンがいちばん注目したい「現代アート」の効用について
深堀りしていきます。

➡ 現代アートの系譜を知る

 今日は、アートの効用のなかでも最初に紹介した「刺激
材」としての部分を細かく教えてください!

 これはまさに、私の目下の研究対象である「現代アー
ト」で説明したいところですね。

 出たな……現代アート……!!! 先
生の説明でずいぶん身近になってきた気がするんです
が、まだちょっと「なんなんだよ、現代アート……」と
いう気持ちが抜けません。

 現代アート(コンテンポラリー・アート)の大きな流れ
としては、20世紀、特に第二次世界大戦以降(1950年
以降)の美術を指します。
そもそも、ヨーロッパで隆盛をほこった美術活動も、20

世紀に入ると、アート発信の地として、徐々にアメリカ・ニューヨークに舞台を移していったんです。

アメリカには、メトロポリタン美術館とかニューヨーク近代美術館（MoMA）とか、有名な美術館がいくつもありますもんね。

1950年代には戦前の幾何学的抽象（線、面、量とかたまりによって作品を構成する様式）に代わって、前述したポロックやバーネット・ニューマン[※]などに代表される抽象表現主義が脚光を浴び始めました。
60年代に入ると、アンディ・ウォーホルなどによる「ポップ・アート」や視覚の反応をねらう「オプティカル・アート」など多様な表現が出てきます。さらに、後半になると「ミニマル・アート」や「コンセプチュアル・アート」が生まれ、「アートとは何か？」についての根本的な問いが立てられるようになりました。

70年代からいまに至るまでは、分類しづらい状況が続いています。個々の作品の評価も定まっていないので、無理に枠にはめても、5年後に同じ「〇〇イズム」の名称が生き残っている保証はありません。
確かなのは前に言った傾向、「具体から抽象へ」「知覚から概念へ」という流れがいろんなルートで同時進行している、ということだけですね。

※バーネット・ニューマン（1905 - 70年）……アメリカの美術家。描象表現主義とカラーフィールド・ペインティングが特徴。

➡ 便器を「アート」と言った男、デュシャン

？ところで、美学の世界で「前衛」ってどういった解釈を
されるんですか？

「文化的にどういう価値を持つのか未定義の領域」とい
う意味ですね。すでに価値が確定済み、もしくは確定
しそうな領域では戦わないで、**アーティスト自ら未
開拓の領域を切り開いていく**感じです。いまでは
天才扱いされるピカソも、「キュビズム」という画期的
な画法を用いてアートの世界に殴り込みをかけた前衛
アーティストの典型なんです。

ああ、ピカソ！　めっちゃわかりやすいです。

「価値が未確定」なため世間で理解されづらく、必然的
に前衛アートは好き嫌いがはっきり分かれます。という
か、生理的に受けつけない人が多い（笑）。

あ、私のことですか……？（汗）

でも辛抱強く鑑賞を続けていくと、<u>**最初はイマイチ理解
できなかったよさがだんだんわかるようになってくる**</u>。

前衛アートのなかでも最先端にいるのが「コンセプチュ
アル・アート」ですか？

はい。そもそも「アートとは何か？」ということが人々の関心になり始めたきっかけをつくったのがコンセプチュアル・アートなんですよ。それ以前は**わざわざ「アート」と「アートでないもの」を区別するという問題意識はなかった**んです。自明だったので。

 ん？　アート界で何か事件が……？

 アートとは思えないようなものがアート作品として出てきてしまった。その象徴的な出来事が、前述したデュシャンが発表した「便器」ですね。

 # べ、便器！？

リチャード・マットの名前で出展されたアート作品「泉」。量産型の便器

 そう。市販されている便器をただ持ってきて「アートです」と言ってしまった。アート界に激震が走りましたよね。
だからこの作品も、いったんは**アートワールドの住人たちから拒絶されている**んです。

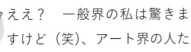

マルセル・デュシャン

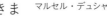 ええ？　一般界の私は驚きますけど（笑）、アート界の人たちは感性が自由そうなのに！　意外と懐が狭い！

自作自演だったデュシャンの「泉」

 この作品を理解するためにはまず社会背景を知っておいたほうがいいですね。デュシャンが「泉」を発表したのは第一次大戦中の1917年のアメリカ。デュシャンはその2年前にフランスから移住してきました。ところで、戦争というものは政治家が大衆を扇動し、若者たちが年長者の言いなりになってお互い殺し合いをするわけですよね。

 は、はい。

 一方で、デュシャンのようなアーティストは基本的に批判精神が強い。彼は戦争を見ていて、「無批判に生きていてもいいのだろうか？」「根本的な問いを投げかけなければいけないのではないか？」という問題意識が高まってきた。

 なるほど……。

 そのときに使ったのが、「アート」だった。いままでなら到底アートとは思えないような試みが、**「アート」の名のもとに実験的に定義される**ということが起こるんです。

「実験的に」ということは、世の中の反応をいろいろ試してみた？？

そういうこと。「泉」が出展された展覧会は、独立系のアーティスト団体がニューヨークで毎年主催していたアンデパンダン展といって、出展料さえ払えば無審査で誰でも作品を展示できる趣旨の展覧会だったんです。

あんでぱんだん？？

インディペンデントのフランス語です。権威主義に反旗を翻す立場をとるアーティストたちが主催する「独立展」。新しいものをどんどん受け入れることを目指したわけですが、「アートとは、どのくらい受け入れられるのか？」。**デュシャンはその限界を試そうとした。**

でもね、実はデュシャン自身、アンデパンダン展の主催者の1人なんですよ。

え！ヤラセ！？

当時のデュシャンは画家としての名声を確立していたので、彼の名前で作品を出すとどうしてもバイアスがかかってしまう。彼は一計を案じ、「リチャード・マッ

ト」なるまったく無名のアーティストを装い、会場に作品の便器を送りつけた。**ほかの主催者が「どんなものも受け入れる」約束を守る**かどうか試したんです。いわば「おとり捜査」。

自作自演乙……（笑）。しかし、手が込んでますね。

本当にね（笑）。作品である「便器」はどこででも買える既製品ですけど、唯一加工されているのはサインが書かれていることだけ。

ホントだ、便器に「R.Matt」って書いてある（笑）。

でも実際、展覧会がはじまると、無審査のはずなのにその便器はずっと会場の裏に置かれたまま。「こんなものがアートのはずはないだろう」という理由で主催者が展示しなかったんです。挙句の果てには展示会の撤去作業中に、オリジナルの便器がなくなるんですけどね。

アート界の人にとっても、それほどインパクトのある作品だったワケですね、すごいなぁ。
ただ、表舞台に出なかったら話題にもならないじゃないですか。いまみたいに SNS で告発するわけにもいかないし。

だからデュシャンは用意周到に仕掛けをして、雑誌にエッセイを載せたんです。これも匿名で。**「権威とは切り離された存在であるはずの独立展で、主催者の判断**

で作品を撤去するとは何事だ！」と偽善を暴くような
エッセイを発表した。

おそらく編集者と組んだんでしょうけど。

 デュシャンの執念よ……（笑）。そのエッセイで一
気に有名になったんですか？

 いや。その後、デュシャンの自作自演だったことが判明
してしばらくの間は「キワモノ扱い」をされたんですけ
ど、1960 年代くらいに「コンセプチュアル・アート」
というのが出てきてそのときに再評価を受けたんです。
**「デュシャンの『泉』こそ、20 世紀の前衛アー
トのランドマークであるッ！！」**って。

 そういう背景があったのかぁ。デュシャンも、あとの時
代になってから評価されたのだと。
もちろん「便器」を選んだことにも深い意味はあるんで
しょうけど、もしかしたら**タワシでもバケツでもなんで
もよかった**のかもしれないですね（苦笑）。

 そう。とにかく、**アートという既成概念に挑戦し
たこと**に価値があるんです。

145

アートほど、どんなことでも「アート」で済まされてしまう広い受け皿はないので、そこであえてアートの枠に挑戦しようとする努力は、それ自体がかなりチャレンジング。

そうか〜。アートの限界に挑戦したワケですね。

なかなかやるな、デュシャン……！（←上から）

ただ、20世紀になる前の芸術家も「批判精神」は常に旺盛だったんですよね？　なぜ20世紀に入って急に、「アートの自己否定」みたいなことが起きたのかが気になります。

そうねぇ……実際には、デュシャンのようなアーティストは、昔からいたかもしれない。

ただ、「村の変人」で終わっていた可能性が高い。

あ、なるほど（笑）。

そう。そのへんの石を持ってきて「アートだ！」って19世紀にやっても誰も相手にしなかったと思うんですよ。

デュシャンだって、同時代ではダメで、辛うじて後年に再発掘されたワケだし……。

もしくは、奇抜な行動をする人はいても、作品化できなかっただけかも。たとえば、**ゴッホは自分の耳を切ったけど、その行為自体、作品化**することもできた。現代なら「ウィーン・アクショニズム」と呼ばれるような自らの体を傷つけることを「アート」とする自傷芸術もありますからね。

けど、当時はそこまでアートが多様ではなかったのでしょうね。20世紀後半に入ってようやく理屈が追いついてきた、ということなのだと思いますよ。

2

現代アートの世界観を教えてください！

現代アートの全貌を紹介したところで、「期待の裏切り」で成り立つコンセプチュアル・アートと、「微差で勝負」する現代アートの、さらにマニアックな世界を見ていきましょう。

➡ 見なくてもわかる芸術作品

 先生の現在の研究対象であるコンセプチュアル・アートはどういう特徴があるんですか？

 従来のアートと違って **「見かけ」が関係ない** ことかな。普通、絵や彫刻といったらどういうふうに見えるかが重要ですよね。でもコンセプチュアル・アートは目に見えなくても言葉だけで価値が伝わるとか、あるいは目に見えるんだけどそれは別にそのかたちでなくていいといった特徴がある。

 コンセプトがアートになっているということですよね。

 まさに。日本語だと「概念芸術」ですから。

 どんな作品があるんですか？

たとえば、ジョセフ・コスースが 1965 年に発表した「1 つの、そして 3 つの椅子」という作品があります。まず、「普通の椅子」が 1 脚置いてあります。その横には、同じ大きさになるように引き伸ばされた「椅子の写真」が飾ってある。さらにその横には、辞書から引用した「椅子の定義」が書いてあるパネルが置いてあります。

ほぉ……。

いまの説明で十分作品がイメージできましたよね。つまり、**「アートなんだけど、見に行く必要はない」**。椅子がどんな形で、どんな材質で、どんな色をしているかといった情報は重要ではなく、**話を聞いて「ほぉ」と思ったら完結する**んです。

あ、みごとに完結したんですね、私（笑）。

1960 年代以降はコンセプチュアル・アートという名のもとにこういう作品がた………っっっくさん出てきま

した。

「目に見えるものだけが造形芸術じゃなかろう」という
態度を表明するアーティストが増えたんですね。

 その走りがデュシャンの
「泉」だった？

 そう。コンセプチュアル・
アートの興隆を見た当時
の哲学者が「あれ？　そ
ういえば、この先駆けっ
てデュシャンじゃない？」と気づいて、そこから一気
に「アートとは何か？」という議論が盛んになり、**「あ
の便器こそが 20 世紀最高のアートだ！」**と評価される
ようになったんですよ。ちなみに、あの便器のレプリカ
がたくさんつくられたのもこの時代。

 レプリカ？　そんなのがあるんですか（笑）？

 そうそう（笑）。
オリジナルは紛失しているので、似た製品を買ってき
て、デュシャン本人が「レプリカとして認めていいよ」
とお墨付きを与えたものが世界に 16 個くらいあるんで
す。最初の公認レプリカは 1950 年ですけど、60 年代
にはさらにたくさんつくられて、いま世界各地の美術館
に飾ってあります。

「似た」っていうのが適当でいいっスね（笑）。

結局「コンセプトがアート」なので、どんな便器でもいいんですよね。あの便器を目の前にして、「絶妙なフォルム」とか「少しグレーがかった白が最高だよね」と評論してもまったく意味がない。それこそ便器にホコリがついていても、作品の主旨は満たされるから構わないんですよ。

キレイだろうと、汚かろうと便器ならOK！と（笑）。

たとえばこれが、ゴッホの「ひまわり」だったら**オリジナルこそが唯一無二**で、誰かがいくら精巧にマネしても価値のないニセモノだし、ホコリがつくだなんて厳禁です。

いままでは「印象派が出てきた」とか、「シュールレアリズムが出てきた」と言っても、実際の作品を見ない限り鑑賞したとは言えないという前提は揺るがなかった。だけど、コンセプチュアル・アートはその前提を取り払っているので、「実際の作品を見ること」よりも、**「アートとは一体なんなのか？」** ということが深

刻な問題になってくる。

そ、それは初日に私が投げかけた問いと同じ……！
私、めっちゃいい質問をしましたね！！（ドヤ顔）
さておき、コンセプチュアル・アートは見かけが関係ないとなると、「作品を楽しむ基準」はどうやって決まるんですか？

「いかに鑑賞者の期待を裏切れるか」でしょうね。

裏切り……。

はい。初日にもらった質問にも「いまある常識を壊せるか」がアートの役割だと説明しましたよね。
結局、私たちのなかでは「アートってこういうものだ」という経験則があって、ギャラリーやコンサート会場に行ってアート鑑賞をするときも、文学作品を読むときも、「何か知覚的・感覚的な衝撃を与えてくれるだろう」という期待を持っているはずです。

はい、それは……期待します。

でもね、**コンセプチュアル・アートは、それをわざと裏切る**んです。

彫刻だと思ったら便器だった、みたいに（笑）。

何せ**「従来のアートの枠組みを飛び出る」**という至上命題があるから、せっかく会場に行っても「ここに来る必要はなかった……」と感じることが普通にある。

それこそ、**金返せ**……みたいな（笑）。

ですです。コンセプチュアル・アートに刺激を求めていく場合の基本姿勢は、**「ああ、そうきたかぁ！」**という体験を素直に受け入れられるかでしょうね。
従来型の知覚経験で勝負するアート鑑賞の仕方と、コンセプチュアル・アートの鑑賞の仕方は「別物」と思わないと。

先生もさんざん期待を裏切られている？

「ふざけんなよ」と思うことはしょっちゅう。

全然、受け入れてないじゃないですか（笑）。

驚き、失望、落胆が価値なので、それでいいんです（笑）。「裏切り」という概念はアートでは昔からありました。たとえば、いまはクラシック音楽の本筋と思われているストラヴィンスキー[※]もドビュッシー[※]も出た当初は大ブーイングだったワケですよ。

 期待を裏切ったんですか？

 わざと不協和音（同時に響く2つ以上の音が協和しない音程関係を持つ）を使った。だから、「なんだこれは？」「とんでもない音楽だ」とみんな驚いたけど、いま私たちが聴いても、全然抵抗がないですからね。

 慣れますもんね、人間は。

➡ ほぼ無音の名作「4分33秒」

 先生が「コレ、すごいな〜」と思った作品ってありますか？

※イーゴリ・ストラヴィンスキー（1882 - 1971年）……ロシア出身。20世紀を代表する作曲家の1人。

※クロード・ドビュッシー（1862 - 1918年）……フランスの作曲家。伝統から離れた音階や和音を用いて独自の作曲をした。代表作に「月の光」がある。

1952年にジョン・ケージ^(※)が作曲した「4分33秒」ですかね。コンサート会場にピアノが置いてあって、そこにピアニストが出てきて、ピアノのふたを閉める。

これから演奏するのに、ふたを閉める……？？？

そう。**何もしないで座り続けて、またピアノのふたを開けて去っていく**……という作品なので。

（絶句）……それ、演奏なんですか？？？

ちゃんと楽譜があるんです。第1楽章、第2楽章、第3楽章とあって、それぞれに「休止」を意味するタチェット記号が書かれていますので。

想像以上にすげえな……（笑）。

※ジョン・ケージ（1912 - 92年）……アメリカ出身。沈黙などさまざまな素材を作品や作曲に用いて、前衛芸術全体に影響を与えた実験音楽家。

本当はどんな楽器で演奏してもいいんですけど、たまたま初演で「演奏」を担当したのがピアニストで、彼が 4 分 33 秒で演奏を終えたので、「4 分 33 秒」という名前がついた。4 分 33 秒は 273 秒なので絶対零度（マイナス 273 度。それ以上は温度が下がらない）にかけたという説もあれば、当時のレコードの標準的な時間が 4 分 30 秒だったからという説もあります。

いやぁ、もうすでに、だいぶ度肝を抜かれました。

音が 1 回もしないんですけど、音楽なんです。CD も出ているし、JASRAC にはこの曲の著作権も登録されています（笑）。

マジっすか！ 著作権まで！？

まぁ、実際にコンサートホールで鑑賞するときは、「演劇を見ている」としか思えないですけどね。
つまりね、カテゴリーを入れ替えることで、いくらでもコンセプチュアル・アートはつくれる。

アイデアがあれば、無限につくれそうだなぁ。

ただ、このケージの場合はこの作品を出す前から「無音」というものにものすごい強い関心を持っていたんです。わざわざ専用施設にいって無音空間に身を置いて「血流の音が聞こえた」なんてレベル。「音楽っぽくないことをして、裏切るぞ〜」と思ってつくったような、単純な作品ではない。

あぁ、なるほど。やはり相当深いメッセージを持った裏切りであるほど、「いい裏切り」になるのか……。

似たような作品はほかにもあって、「フルート独奏曲」というのがあるんですね。どういう曲かというと、**「フルートを分解して、また組み立てろ」という音楽**なんです。

またそんなすごい球を（笑）。それ、音楽なんですか？

「音楽だ！」とジョージ・ブレクト^{（※）}は言い張っている。とにかく楽譜に書いてあるのは、「フルートを分解しろ。そしてまた組み立てろ」ということだけ。ただのパフォーマンスだけど、**音楽だと言われると「なんでこれが音楽なの？」とみんな深く考える**じゃないですか？そこに意味がある。

※ジョージ・ブレクト（1926年 - 2008年）……アメリカの美術家、ミニマル・アーティスト。

だからコンセプチュアル・アートを見に行くときはできるだけ情報を遮断して行ったほうがいい。「驚き」を得るために行くのに、事前に知っていると面白みが半減しますから。

情報があふれるこのご時世、なかなか難しいでしょうけど、期待との落差があって「これはコンセプチュアル・アートだったのか！」とわかったときに、どういう心構えをつくるかが大事。それだと、情報が検索しづらいというジレンマもあるんですが。

私もグーグルで「どんでん返しの映画」で検索かけるときは、ジレンマを感じます（笑）。

一緒ですよね（笑）。

ただ、映画にせよマジックショーにせよ、タネ明かしされたとしても、最低限のエンターテインメント性は担保されています。でも、**コンセプチュアル・アートって、タネを知ってしまったらまったく行く価値がない**んですよ。

アーティストの名前は伏せますけど、たとえば、「展覧会を開きますよ」と告知をしておいて、当日会場が閉まっていて中に入れない……なんて作品もあります。

うわ、タチ悪っ……！

ただの嫌がらせと区別がつきません！（笑）。

これ、事前にネタバレしてしまったら、絶対に行きませんよね？
でも、私がもしその会場に行っていたら、「いったいどこが作品だったんだろう……？」って考えるだろうな、と。

会場の閉まったドアが作品なのか、情報の拡散の仕方が作品だったのか、来させることが作品だったのか、中に作品が飾ってあってあえて見せないことが作品なのか、会場の前で見ず知らずの人たちの間に連帯感が生まれることが作品なのか……さまざまな思考をめぐらせる。

あれ……？　待って……。そう言われると、急にアートっぽく聞こえてきたような……（笑）。

期待はたしかに裏切っているんだけど、その裏切りにも階層があって、それは「鑑賞者がどう考えるか？」によって違ってくる。そういう意味で、この種の裏切りは、コンセプチュアル・アートのなかでも「手の込んだ裏切り」というか、普段なかなか体験できないことですよ。

でも、裏切り方にも「質」はある？

もちろん、あります。はっきり言って、**コンセプチュアル・アートなんて誰でもつくれる**んですよ。

お、言い切りましたね。

だって、アイデア勝負ですから。「これ聴いてよかったな」「これで感覚的に楽しめたな」という従来のアートをつくるためにはそれなりの技術や内容、形式が必要なんですけど、「裏切り方」なんて無限にありますよね。

たとえば、目の前にペットボトルがあるとします。これをアート会場の来場者に「**これを飲んでください。飲み干したらひっくり返してください。それがアートです**」と言えばアートになる。鑑賞者の期待を裏切ればいいだけです。

そこで、質が問われると。

そう、コンセプチュアル・アートの概念が広がってくると、パターンが重複するものもある。既視感があったりね。

そうか。「この便器はアートです」ってデュシャンがやってしまった時点で、**「アートの文脈から遠いものをただ陳列するだけ」では、もう面白みがない**ですもんね。

おっしゃる通りで、アイデアもかなり出尽くしているので、アーティストも苦労しているでしょうねぇ。

➡ 現代音楽で流すのは……冷蔵庫の機械音?

もうめったなことでは驚かないとは思うんですが……(笑)。ほかには、どんな現代アートが好きなんですか?

昔から現代音楽、なかでもヴァンデルヴァイザー楽派を好んで聞いています。ドイツのレコードレーベルの名称なんですけど、ここの所属アーティストが大好きで(満面の笑み)。

ど、どんな音楽なんですか……?(ドキドキ)

環境音楽、ミニマル・ミュージック、ノイズミュージックといったジャンルに入るんですが、**ピアノの音が10**

秒に１回くらいしかしないような**音楽**だったりするんですよ。興味のない人が聴いたら、１分で寝るでしょうね。**ただこれが……堪えられないんですよ（喜）。**

? ……ん、待てよ？　私も最近環境音楽をよく聞くようになったので、ピアノの単音だったら少しわかる気がする……。だって、それって一応、コード進行とか和音とかは音楽理論にのっとっているんですよね？

いや、全然そうじゃないものもある。空調や冷蔵庫の「ブーーーン」って音がサンプリングされているとか。

ホントもう……**アートにもほどがある（笑）。**
ちなみにそれって、ご自宅の冷蔵庫の横に正座して部屋の電気を消すとかでもいいような。

本物だとダメ。だって「何？　いまの音。故障しているかも」とか思ったりすると、現実の世界に引き戻されちゃうじゃないですか。

アートやわ

162

え……まぁ……言われてみるとそうですけど。

こういうものの面白さを知ってしまうと、逆にポピュラー音楽が雑音に聞こえてしまって。まあ、**アイドルの曲も嫌いじゃない**ですけど。

これはこれでいいよね♪

どっちよ（笑）。

要するに、前衛の領域でも突き詰めると人間はそういう境地に行けるということですね。何かに執着することで自家発電するようなメカニズムが人間には備わっているんでしょう。

➡️ 微差を楽しむアート体験

そういう体験、ビジネスパーソンもしたほうがいいと思いますか？

してほしいですね。映画やポピュラー音楽、大衆文学といった娯楽芸術って、どちらかというと衣食住寄りの、人間の「基本的な生理欲求を満たすもの」ですよね。

でも、前衛までいくと完全に新しい世界。衣食住を満たすという価値観からすると、まったく意味のない行為なので。
でもだからこそ人間がサバンナで生きていた頃の価値観にはなかったような「文化的存在としての新しい側面」に気づくような快感ってあると思うんです。
もちろんそれは伝統的なハイアートでもいいんですが。

それが、世間一般で言う「人生豊かになる」とか「厚みが出る」とかいうことですかね。

そういうこと。同じことは哲学にも言えて、衣食住を満たすだけなら細かいことをブツブツ言いながら理屈っぽく考える必要なんてない。ただ、芸術は哲学よりもさらに体感的と言うか、その価値を実感できるような境地に持っていってくれるところはありますよね。

たとえば、ビルの壁のところどころにコンタクトマイクを取りつけて、その音を増幅して部屋に流すという現代アートのイベントに行ったことがあるんです。

それはまた……すごい世界がありますね（笑）。

これがまたね〜、味わい深くて（嬉）。

 先生、超うっとり顔ですけど、そんなに……？

 だってビルの音を聴く機会なんて日常生活ではまずないし、自分が歩いている振動もかすかにそこに影響しているわけじゃないですか。

 たしかに。ビルの音を聴く機会はないっス（笑）。

 「こんなことが面白いんだ！」っていうのは1つの発見ですよね。奇抜な形や色彩を組み合わせたものが面白いというのは誰もが知っていることですけど、それだけではなくて、**いままで想像もしなかったことに面白さを見出す**。しかもそんなに派手じゃない。

 # むちゃくちゃ地味です。

 だけど面白いんですよ。ちょっと身体の向きを変えるだけで聞こえ方が違う。ジッと同じところにいると腹の底

から響いてくるようになるし、歩き出したら感じられなくなったり。

それは先生がノイズミュージックで相当鑑賞力を鍛えられた結果ですよね。

そうかもしれませんね。「期待の裏切り」で成り立つコンセプチュアル・アートも面白いんだけど、「微差で勝負」する現代アートの世界を知るのもいい。「微差」を感じるには同じジャンルのものをしつこく経験しないとダメだけど、その先には**日常生活では体験できない境地**がありますから。

➡ ノーリスクで自分がガラッと変われる冒険

前衛アートまでいかないとしても、自分が知らないジャンルのアートに普段から触れている人ほどクリエイティブになったり、アイデアマンになったりという効果はあるんですか？

そりゃ、ありますよ。誰にでもわかりやすい娯楽芸術ばかりに触れているとか、自分の知らない世界に興味が向かない人とか、備えもった生理的基準の範囲内で止まろうとする人って、どう考えても新しい発想は出にくい。

たしかに**保守的な人って「とことん保守的」**ですよね。

そうそう。海外旅行をしてもローカルの人が食べるようなものに果敢にチャレンジする人がいるかと思えば、日本でも食べられるようなものばかり注文する人もいますよね。完全に守りの姿勢に入っている人。

……実は「**生活態度の違い**」が大きい？

大きいでしょうね。もちろんアート自体も刺激になりますけど、そもそも「生活態度の違い」は大きな要素です。限られた時間を使って、**自分が経験したことがないものにどんどん挑戦する人のほうが引き出しが増えます**からね。

なるほど。じゃあ「アート鑑賞が趣味だから、新しい発想が湧きやすい」というよりも、「**自分の世界観を貪欲に広げようとするマインドを持っているから、アート鑑賞もするし、だから新しい発想が湧きやすい**」ということですかね。

……と考えたほうがスッキリしません？

たしかに。でも自分の世界観を広げたいならアート以外にもいろんな人と話すとか、海外を放浪するとか手段はいろいろありますよね。そのなかでなぜアートがいいんですか？

簡単です。**アートはリスクがないから。**

 リスク？

 はい。アートは現実社会から切り離されたフィクション
の世界ですけど、食べ物とか人間関係とか旅行といった
ことは現実そのものですよね。お腹を壊すかもしれな
いし、人間関係がこじれて喧嘩になるかもしれないし、
旅先で強盗にあうかもしれない。アートはそういうリス
クが一切ありませんから。

 なるほど。

 だからアートの世界ではよく「無関心性」という言葉が
キーワードになります。無関心というと悪い言葉に響き
ますけど、**「実利的な関心から自由」**という
意味です。

 実利的な関心……「フィクションだから、なんでもあり
だよね！」って意味ですか？

そうです。たとえば、現実社会で犯罪をするワケにはいきませんよね。ところが犯罪者を主人公とした小説を読んだら、犯罪の追体験はできる。捕まるリスクもありません。

倫理的にマズい、差別、不愉快といった現実世界の価値観から離れて、新しい経験ができるんです。

② 三浦先生

たしかに。フィクションならではの体験ですよね。

新しい芸術に触れる意味は、俗っぽく言えば「手軽に新しい経験ができる」ということ。命に関わるようなことはありませんし。だからせっかくアートに興味を持ってもらえたら、**1つのジャンルにこだわらず、先入観も捨てて、いろんなアートに触れていくこと**をおすすめしたいなぁ。

最初、ちょっと（本当はかなり）不安だったんですけど……だんだん**アート体験をしたくなってきました！**

なんといっても、**ノーリスクでできる冒険**ですから。いままでアニメに偏見を持っていた人でも、調子が出なくてちょっとギアを入れ替えてみたいというときに、あえてアニメの Blu-ray ボックスを大人買いしてじっくり見始めてみる、とかね。そうやっていくうちにオープンマインドな姿勢も身につくはずです！

コラムまんが

マニアックが過ぎる！　三浦先生

171

日本人は「侘び寂び」で現代アート体験をしていた

　日本には「侘び寂び」という概念がありますが、これは宗教的な概念と混ざりあう形で出てきました。

　松尾芭蕉や千利休の世界のような、実用性とはかけ離れたところに価値を求めるアートです。俗っぽいことはうたわないし、茶器だって汚くて欠けたもののほうが「趣」があるなんて評価される。

　こういった侘び寂びの概念は、西洋にはありません。美の表れのことを「美的範疇」と言うんですけど、西洋だとそれは「優美」「崇高」「悲壮」「滑稽」であって、「侘び寂び」に相当するものはない。

　だから改めて海外から再評価されているワケですが、考えてみると、この「侘び寂び」は「現代アート」に通じるものがありますよね。

　当時の日本のアートが進化していたかどうかは別として、実用性からの離脱という意味では西洋アートよりも早かったと思うんです。

　なんとも自立的な世界で、役に立たないし、それをやったからといってモテるわけでもない。はっきり言えば自己満足の世界なんですけど、そういったものが高く評価されて栄えたというのは、面白いですよね。

Miura
LABO

5
日目

アート鑑賞の
すすめ

人生の本番としてのアート・前編

1 見て、聴いて体験しよう！アートの世界

時間目

アートの歴史を見てきたあとは、いよいよ「実践」。アートの鑑賞方法ついて紹介していきます。

無駄なものを楽しむゆとりのない現代人

 この授業を受けていたらアートに対する感度が上がってきたのか、先日取材で六本木ヒルズに行ったときに広場にある巨大な蜘蛛（くも）のオブジェをマジマジと見入ってしまいました。

 それはいいことじゃないですか。どんな感想を持ちました？

 「あ〜、めっちゃ蜘蛛だなぁ」（笑）。

 まあ、蜘蛛ですから（笑）。一応、**母性を表現**しているらしいんですけどね。

えっ。その発想は1ミリも湧きませんでした……(汗)。

でもそうやってアートに意識が向くだけでもすばらしいことだと思いますよ。ああやって公共空間に設置されたアート作品のことを**「パブリック・アート」**とか、**「インスタレーション」**って言うんですよ。

東京ビッグサイトの巨大なノコギリとか、ニューヨークの「LOVE」って彫刻とかですか?

そう。「パブリック・アートは現実を豊かにするための装置であって実用性が高いから、アートではなくデザインだ」という説もありますが、それはさておき、**「その場を行きかう人たちの生活の無自覚な部分に自覚を持ち込もう」**という意図があるんです。

へぇ。

たとえばかつてニューヨークの連邦ビルの前の広場に、リチャード・セラ(※)というアーティストがものすごく

※リチャード・セラ(1938年 -)は、アメリカ生まれの彫刻家・映像作家。むき出しの板金を使った巨大彫刻で有名。

巨大な壁をつくったんです。縦方向ならともかく、とにかく横方向に長い。ビルに入りたい人はわざわざ迂回しないといけないくらいの幅なんです。グーグルで「傾いた弧（Tilted Arc）」と検索したら白黒写真が出てくると思いますけど。

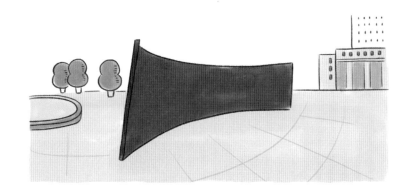

 （ググり中）……これは……**デカイ！**（笑）

 大きいでしょう？　しかも彼はミニマリストなので、作品が鉄板むき出しなんですよ。だから基本的に錆びているし、汚い。で、結局、市民から「こんな邪魔なものいらない」と訴えられて、設置から8年後に撤去されているんです。

 あらら……。でも私も六本木ヒルズの蜘蛛は何度かくぐっていますけど、あの細い脚ですら邪魔くさいなって（笑）。

 私はね、このセラの1件って**現代人の余裕のなさを象徴している気がする**んですよね……。

むむっ……たしかに。

セラの作品は「実用性」の前に完敗してしまったわけです。そこがパブリック・アートの難しさでもあるんですけど、傲慢な主張をするからこそアートの存在感が出る、という側面もあるわけですよ。

この壁は十分、主張していますね（笑）。

芸術は基本的に許容性が高いんです。少しくらい迷惑になっても「芸術だから」と言えば許容されるはずで。**こういう「無駄なものを楽しもう」という姿勢がアート鑑賞の根幹にある**と思います。

⇨ アートで「いまの自分」を客観視できる

アート鑑賞かぁ。私みたいにアートがよくわかっていない人間からすると、**「いいアート＝感情が揺さぶられるもの」**といったイメージがあるんですけど、コレは正しいんですか？

必ずしもそうではないですよ。だって感情が揺さぶられるなら、**現実生活のほうがよほど強い**でしょう。
失恋したとか、上司に怒られたとか、親が入院したとか。そういう感情体験にアートが勝てるワケがない。
アートはあくまでもバーチャルな体験だから、現実の感

177

動に匹敵するものが付随的に得られれば、それでいいんです。

 じゃあ休日にわざわざ美術館にいくような人たちって何を求めているんですかね。

 普段の雑然とした経験から切り離された経験をしたい人が多いんじゃないでしょうか。

 「人生の本番」とか「無関心性」の話ですか？？？

 日常生活って五感からあらゆる刺激を受ける、境界のない、ひと続きの流れなんですよ。その流れに乗りながら毎日生きたままだと、立ち止まって自分を振り返る機会が持てない。
アートのある特別な空間に意識的に身をおいて、「音だけに集中する」とか、「視覚だけに集中する」という経験は、環境に飲み込まれている自分を「再編成する」いい機会だと思います。

（話が難しくなってきたような……）えっと、それって「**自分を見つめ直す**」ってヤツですか？

「自分を見つめ直す」というのは「いまの自分」を客観的に見るということだから。そのとき、アート体験は「いまの自分」を見るための足場となってくれるんですよ。

足場……？

たとえば海外旅行してインドの人々の生活を垣間見たら、日本での生活が自覚的になりますよね？　普段は、日本での日常生活のことなんて意識したりしないのに。自分を客観視するにはいまの自分が置かれた環境から距離を置かないと。

旅行はたしかに「非日常」ですもんね！

ただ、旅行だと非日常ではあるものの「現実」なので、日本での生活は一時的に切り離せても、「自分自身」を完全に切り離すことはできませんよね。そういう物理的な距離ではなくて、意識レベルでもいいんです。
その点、アート体験は、**完全に現実から切り離して、「自分の日常を対象化できること」**が特徴ですね。

⇨ 「アート＝感情を揺さぶる」ワケではない

 アート作品を見たら、何を感じてもいいんですか？

 なんでも OK です。「この作品は何を伝えたいのかな？」という疑問でも、「この色使いと構図が好きだなぁ」といった感想でもいい。もちろん意識はぐっと作品に向けるワケですけど、**「作品と接したときの自分のリアクションを楽しむ」** のも、アート鑑賞の本質かもしれません。

 その結果、感性が磨かれたり、脳が刺激されたり、癒されたりすると。

 そうですけど、効用に対する期待が大きくなりすぎると、アート鑑賞がどんどん実利的になっていくので、少し注意が必要ですけどね（笑）。

 「実利から離れる」目的なのに、「メリット、メリット、どこぉ？」としちゃ意味がありませんもんね（笑）。

ただ、ちょっと思ったんですが、映画を観ているとき
に現実から切り離されるというのはわかるんですけど、
「自分に対して意識が向くのか」と言われるとあまりピン
ときません。むしろできるだけ没頭したほうが映画を
楽しめるんですが……。

たしかにそうですね。アートと対峙したときの反応は2
種類あります。

《アートと向き合ったときの反応》
① 作品がつくる世界にのめり込んで
　自分をなくす
② 作品を見ている自分の感受性を確
　かめながら芸術作品に対峙する

こんな感じかな〜

これもはっきり分かれるわけじゃなくて、無意識のうち
に切り替えていたりしますけどね。

ああ、言われてみれば、同じ作品でも2回目に見るとき
は、ちょっと変わるなぁ……。②に近いかも。

でしょう？　ただ、いずれの場合でも「現実からの切り
離し」が起きていますよね。その作品を見ることが目的
となっているということですよね。
囲い込まれた場所と時間で、**もっともピュアな形で**
「いま、この瞬間」を味わえるのがアート体験

なんです。

最近私も音楽を聴くときに電気を消したりするんです。そのほうが純粋に音楽に没頭できるかな？　と、無意識的にやっているんですが……。

音楽好き、映画好きなら照明を落とすのは基本。できるだけ「日常」と離れたほうがいいし、無駄な視覚情報は排除したほうが絶対にいい。私もいつも消しますよ。

➡ アート鑑賞は「競い合う場」ではない

アートに触れたくなってきました！　私のようにいままでアートに関心がなくて、美術館に行ってみようかなという人は、名画解説本を買ったらいいですか？

もちろん、作品の背景や鑑賞ポイントのような知識があれば鑑賞の質が上がって、より楽しめる可能性もあるとは思います。でも「知識がないからアートを楽しめない」「アート音痴だから美術館の敷居が高い」と思っているなら、**まず改善すべきはその姿勢**じゃないですかね〜。

ギクッ！　すみません、結局カタチから入ってしまうクセが抜けなくて……（汗）。

学校の授業じゃないんで（笑）。むしろ**予備知識もなく、名前も聞いたことがないアーティストの作品に触れて何かを感じ取る**というのは、**かなり純粋なアート体験**じゃないですか。

なんとなく、アート初心者の場合、「不勉強な人間が立ち入ってもいいのかな……？」と感じる人も多いと思うんですよ。ギター初心者の私が御茶ノ

水のギターショップで感じる居心地の悪さと一緒で。

そもそも純粋な体験をしに行くために美術館に行くのであって、ウンチクや鑑賞力を競うためじゃないですから。

たとえば作品を前にして、三浦先生のような方が私の横で腕を組んでじっとしていたら、「この人めっちゃ見入っているけど、俺には何も伝わってこない！」って焦ります、絶対。

いやいや。私も「はぁ？　なんでこんな作品が評価されてるの？」と思っているかもよ（笑）。もしくは「今夜はラーメンにすべきか、カレーかなぁ……」と悩んでいるかもしれない。**アート体験するときは、他人のことをまったく気にする必要はありません。**

そ、そんなもんですか？（笑）

 アート鑑賞するときは自由。逆立ちして見てもいいです。ただ、アート作品に触れるときの基本ルールというか、これだけはやったほうがいいという作法はあります。

 なんですか？

 作者と、特に**作品の「タイトル」を見る**こと。タイトルは作品の一部なので、タイトルを見なければ、作品の半分しか見ていないと思ってください。

作品鑑賞のときは、タイトルは必ず見よう！

こうです

➡「解釈」と「鑑賞」はまったく違う

 タイトルさえ見たらね、あとはどう眺めようと、本当に自由です。**ただし……。**

た、ただし？？？（ドキドキ）

作品を「解釈」しようとするときは自由ではありません。**「解釈」と「鑑賞」はまったく違う**ので。

といいますと？

「いい解釈」とは、その作品から豊かな意味を多面的かつ多層的に取り出せるかということなんですね。逆に「悪い解釈」とは、表面的な価値をすくい取るだけだったり、解釈の仕方が論理的に破綻したりしている場合。

つまり、**「解釈」というのは、ひたすら客観的**。優れた批評家は解釈力が高いんです。

ええ〜〜？　作品のつくり手ではなく、第三者による解釈を信じちゃっていいんですか？

その領域の専門家になると、あまり的外れなことは言いませんよ。そこは、「解釈のプロ」なので。
面白いのは、つくり手が意図していないことまで批評家が意味をすくい取ってくれることがよくあって、それもあながち間違っていないんです。

ほおぉぉ。たとえば？

現代国語の試験問題がわかりやすいですね。文学は絵画に比べると、作品の隅から隅までつくり手は意識的に書

いているはずなんだけれど、文と文のつながりでどういう意味が生まれるかまで意識に上らないことが多い。

現代国語の問題を作家本人が解けないという笑い話もよくあるけど、実は当たり前なんです。

私も自分が書いた文章が入試問題で出されたとき、赤本や予備校の解説を見て「なるほどな」と思います。まったく意識していなかったけど、**あっ！　言われてみればそういう意味を含んでいるよな**って（笑）。

ご本人登場（笑）。じゃあ、解釈力の高い批評のプロが書いた「名画の楽しみ方」みたいな本は、信ぴょう性が高い？

間違いなく高いですよ。これからアートを「趣味」ではなく「教養」として学んでいきたいなら、そういう本は確実に役立ちますよ。それを手がかりにしてアート作品をしつこく見ていれば、**だんだん作品のよさや「微差」に気づけるようになってくるはず。**

➡ アートは触れるほど「感度」が上がる

お話ししたように、アート鑑賞も、堅苦しく考えずに、入り口は「好き嫌い」でいいと思うんですよ。「勉強だ」「教養だ」とお勉強的に考えず、まずはなんでも見て、体験してみるといいかな〜と。

「好き嫌い」は主観ですもんね〜。

ただね、「好き嫌いにも普遍性がある」「規則性がある」、というのが芸術学の基本スタンスなんですよ。

ウソ？ 好き嫌いなのに主観じゃない？

たとえば「クラシック音楽のなかで誰が偉いのか？」という問いに対して、大作曲家は口をそろえて「ベートーヴェンだ！」と言うんです。

へーーー。「アートの価値にも客観的な普遍性があるよ」と言われると、アートの接し方にも変化が出そうです。「もうちょっと高級なアートに触れてみようかな〜」なんて。

その姿勢、大事だと思います。芸術学でいう「テイスト」って客観的なものなので。
たとえばモンロー・ビアズリー^(※)というアメリカの美学者はこんなことを言っているんです。「モーツァルトよりもチャイコフスキーを好む人が、その後、見解を変えることはある。その逆はない」って。

私にはさっぱりわかりませんけど……（笑）。モーツァルトが上なんですね。

※モンロー・ビアズリー（1915 - 85年）……アメリカの美学者。芸術作品の解釈に作者の意図を持ち込むことに反対したことで知られる。

そう。現実世界と地続きで大味のローアートばかりに触れていると、ハイアートの「微差」に気づかない。ジャンクフードに慣れた「舌」みたいなものじゃないかな。少しずつでいいので、**ハイアートに触れる経験を重ねていったら、徐々に感性も変わっていく**と思いますよ。

⇨ 若いときの趣味はアテにならない

経験値とテイストの話で１つ補足すると、先ほどのビアズリーが論文のなかで、「LSD 問題」と言っているものがあります。メジャーではないけど、便利な概念です。

えっ？　**麻薬の LSD ？？**（なんの話や……）

そうです。
ドラッグを摂取した人は特別な精神状態になっているから、そういう人の意見は客観的な価値の尺度にはなりませんよね？

は、はい。

それと同じように、人生である特殊な経験をした結果、「ある作品を異常に高く評価してしまう現象は、精神状態の話でいうと LSD を摂取したことと同じだと考えましょう」というのがビアズリーの主張。

たとえば大失恋をした人が失恋をテーマにしたポップスの曲を「最高だ！」と言ったとしても、話半分で聞けということ。**主観的なフィルターがかかりすぎている**から。

ああ、なるほど……恋愛は幻覚剤だと（笑）。

というよりですね、人生経験が狭いのも LSD を摂取しているのと似た話ではないかと思うんですよ。本人的にはいいと思っていてもそれはほかのアートを知らないだけで、強烈な主観のフィルターがかかった状態。だから、**若いときの趣味はアテにならないと思います。**

たまたまの巡り合わせにすぎない？

同級生に教えてもらったとか、親の影響とかね。だけど、同じような作品ばかり見続けていると、いつまでも鑑賞力は磨かれない。

じゃあ私が最近、ようやくヘビーメタルを卒業できたのも人間的に成長した証ですか（涙）。

（笑）。視野が広がったんでしょうね。いろいろな音楽を聴くことで世界が広がると、もともと好きだったジャンルの音楽のポジションが変わってくるということはありますよ。

そうですか！ ただ、年をとるにつれて視野って凝り固まっていきませんか？ どんどん頑固になっていくような。

そうですね。「人生経験が豊かになれば趣味がよくなる」という話はあくまでも理想型であって、現実はそうならない。実生活で損得が出てくるし、効率よく生活することが求められますもんね。視野を限定していかざるを得ない。

学生時代は利害関係もなくいろんな友だちがいた人でも、働きだしたら「効率重視」で、交友範囲を絞るようになりますよね。だからこそ**アートの世界で「視野の広さ」を補っていくことが大事**だと思うんです。

たしかに。アート好きの人に「視野が狭い」というイメージはないなぁ。

でしょう？　アートが好きな人は基本的にオープンマインド。それは「心に余裕がある」ということですよ。でも、どんな人でもアートを楽しむ本能はある。

だから現実世界では視野を狭めざるを得ないときに、アートに意識的に触れるというのは重要なことだと思いますね。

そもそも、**「テイスト」や「感性」といったものは積み上げ式ですから、意識すれば磨かれていく**ので。

……ってことは、私はもう中年に差しかかっているんですけど、「若いみずみずしい感性」に勝てることもある？（おそるおそる）

芸術に対する「微差」に気づくには時間がかかります。「感性」はどんどん上書きされるイメージ。だから、意識を向けていれば芸術に対する感度は確実に進歩しますよ。そういう意味で、芸術に対する趣味も、**「年をとってからのほうが正しい」**。

マジっすか……！　めっちゃ感性を磨いて、娘に教えます……！！！（感涙）

2 時間目 初心者におすすめの現代アートを教えてください!

ここでは、アートのなかでも特にまだ人にあまり知られていない「現代アート」を具体的に紹介していきます。

➡ まずは違うジャンルの文学にチャレンジしてみる

 さっそく感性を磨いていこうと思います!(前のめり)
視野を広げるためにおすすめのアートってなんですか??

 ん〜〜。まず、身近なところで文学でしょうね。それも特定のジャンルに限定しないで、いろんな国、いろんな時代設定、いろんなテーマの文学を読む。年配の男性はやたらと司馬 遼 太郎が好きだったりするけど、たまには異国の恋愛小説を読むとかね。

自分を高める効用をアートに求めるのであれば、1つの結論としては「**いろんなジャンルの小説を読んでまずは視野を広げましょう**」と言ってしまってもいいかもしれない。

ほお～。ビジネス書ではよくある提言ですが、アートでもそういう展開になるとは！　意外でした。
メモメモ……。

視野が広がれば、音楽や絵画のような分野でも、少しずつ趣味はよくなっていくと思うんです。

あと、音楽だと結構、心が揺さぶられたりすることがあるんですけど、絵で泣くってあまりイメージできないんですよね……。私があまり絵画に興味が湧かない理由の1つなんですが。

理由は2つあります。
1つは音楽は「時間芸術」なので、反応の仕方がつくり手に強制されるワケです。サビも、つくり手が決めますよね？　映画も小説もマンガもそうですけど、時間の流れに乗ってはじめて体験ができる。

一方で、絵や彫刻なんかは止まっているので、作品の見方は自由じゃないですか。たとえば「輪郭」に注目したり、「色彩」に注目したり、「背景」に注目したり。だから絵画は鑑賞者の見方次第で、感じ方がいろいろ変わってしまう。
逆に言えば、**美術品のほうが自己コントロールを保ちながら鑑賞しやすい**、ということは言えますね。

ああ～、なるほどなぁ。

もう1つは人間が、**「視覚情報の刺激に慣れすぎているから」**です。脳が処理している情報の9割以上は視覚情報で、聴覚、嗅覚、味覚、触覚の情報はすべてを足しても1割弱しかないんですよ。

へーーー（×5）。

だから人間にとっての「体験」ってほとんど視覚なので、**静止画だけで新しい情感を得づらい**というのはあるでしょうね。もちろん鑑賞力が高まったり、作品のテーマに自分の過去の体験がオーバーラップしたりしたら、違ってくると思いますけど。

せっかくアート鑑賞に行くなら、ハッとするような体験をしたいと思う人が多いと思うんですよ。

➡ アート初心者におすすめは現代工芸

その意味で、「視覚でまったく新しい情感を得やすい」のが工芸。たとえば日展の5部門（日本画、洋画、彫刻、工芸美術、書）のうち、**一番面白いのが「工芸」**です。目の肥えた人なら「絵画」や「書」も当然面白いですけど。

工芸というと、お茶碗とか壺とか？

伝統工芸ならそうですけど、**現代工芸ってなんでも
アリ**なので。

日展って、現代アートしばりなんですか？

そうではないですけど、いま活躍中のアーティストが応
募するわけだから、新しいことにチャレンジしようとす
るアーティストが自然と多くなるんですよ。

いや、それにしても工芸かぁ、意外！

用途のわからない置き物がポンと置いてあったり、いか
にも使いづらそうなお皿が置いてあったり。
「こんな色の組み合わせがあるの？」「こういうかたち
が可能なんだ！」と、**異様な情感を伝えてきます**
（笑）。

同じ立体なら「彫刻」でもよくないですか？

彫刻は完全に実用性のないアートなので、「どうだ！」み
たいな「押しつけがましさ」があるんですよねぇ（笑）。

どうだ！ って（笑）。

でも工芸だと、「現実」と「アート」の境界線にあるも
の。**ちょっと現実に近いから、アート
初心者にも理解しやすい。** 特に、「現代工
芸」と言われるものは、よりアート寄り。

アートの本質は「役に立ったらいけないもの」なので、日展でも役に立たないユニークな作品がたくさん展示されるんです。本当に見ていて飽きませんよ。

 意外だけど、ちょっと見に行きたくなってきました。

➡ 強い刺激が欲しいなら「バーチャルドラッグ」

 もう1つ、視覚で新しい情感を得たいなら「バーチャルドラッグ」というものもあります（悪い笑み）。

 # うっ、ヤバイ雲行き……（汗）。

 名前だけね。万華鏡みたいな映像に音楽が乗って、それが延々と続くんです。スクリーンに顔を近づけて視界いっぱいにして見ていると、日常ではなかなか体験できない領域に……**トリップできますよ。**

 十分ヤバイじゃないですか（笑）。
ちょっとYouTubeで検索して……と。あ、たしかに万華鏡だ……うっ、うわ、コレ、ヤバイって。脳がグチャグチャになりそう……。

 これね！ **ツウの楽しみ方としては「音楽を消す」ともっといいですよ♪**（超うれしそうな顔）

結構です（笑）。というか、先生、DVD 持ってそう……。

持ってますけど。何か？

（やっぱり。笑）……でも、近い将来、VR がもっと普及したら、こんな作品、たくさん出てきそうな気がしますよね。

究極の没入感ですからね〜。

あ！ 「没入感」という意味では絵画でも似たような情感を得られる作品もあるんですよ。

たとえばイヴ・クライン^{（※）}という画家は、巨大なキャンバスをただ青で埋め尽くすだけなんですけど、微妙に濃淡があるんですね。そのキャンバスの前に立ってジッと眺めているとだんだんその青に包まれていく感じを味わえるんですよ。

絵画でもそんな体験が？ 絵と一体化できる体験か、それはすごいなぁ……。

※イヴ・クライン（1928 - 62 年）……フランスの画家。単色の作品を制作する「モノクロニズム」を特徴とする。

あと世界的に有名な絵画が日本で公開になると、大行列ができている映像をよく見ますが、正直、その気持ちがよくわからないです……。

日本人は行列が大好きですから（笑）。混雑が嫌なら、あまり人がいない美術館って、実はいっぱいあるんです。
特に東京にいる方なら、すごく恵まれていますよ。世界一美術館の数が多いんじゃないかな。1日に回れる距離にある美術館の数という意味では。

たしかに、多いかも。財団の美術館もありますからね。

個人が経営しているのもありますよ。足腰さえ強ければ、1日で5～6箇所回れるんじゃないかなぁ。

そうなってくると今度は、「小さい美術館に、俺好みの作品があるのかな～」と心配になったり……。「目利き力ゼロ」のクセに、めっちゃ上から目線ですけど（笑）。

それは「姿勢」の問題ですよね。実利ばかり追い求めているとそう感じるかもしれませんけど、アート鑑賞の醍醐味は、**どんな作品でもいいので、利害関係抜きにして、アート作品と対峙すること**。むしろ人が少ない小さな美術館のほうがじっくり鑑賞できて

よかったりしますよ。

行くなら、現代アートの美術館のほうがいいですか？

いろいろ行ってみたらいいんじゃないかなぁ。「教養目的」なのか、「刺激目的」で行くのかによって悩むかもしれませんけど、古いアートでも**「自分にとって未知の刺激」**であれば、刺激になりますからね。

たしかに。

たとえばクラシック音楽がいまいちピンとこない人が多いのは、現代の感性とズレているからですよね。モーツァルトやベートーヴェンも、当時の人たちにとっては、Jポップを聴くくらいのわかりやすさがあったかもしれない。
でもいまでは時代が変わったから、そのよさを理解するためには、少しだけ前提を知る努力をしないといけないワケですよ。

日常生活から離れているから、ですね。でも、それって文学作品もいっしょですよね。

はい。だから古いアート作品でも現代アートでも、「刺激材」としての機能は果たすはず。いままで教科書やネットでさんざん見てきた名画でも、見慣れてもなお「ハッ」とさせられることがある。「歴史に名を残す名画」たるゆえんです。

「古い＝価値がない」と考えないほうがいいかもしれません。

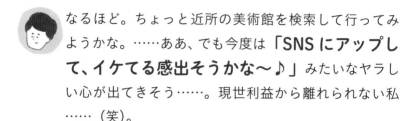

なるほど。ちょっと近所の美術館を検索して行ってみようかな。……ああ、でも今度は「**SNSにアップして、イケてる感出そうかな〜♪**」みたいなヤラしい心が出てきそう……。現世利益から離れられない私……（笑）。

（笑）。まぁね。純粋な「本番」になりきれていないですけど、最初はそれでいいと思いますよ。だってこうやってあれこれ考えている時点で、自分について考えていますから。普段のネットワークからは外れているんじゃないですか？

先生、ナイスフォロー！！！

そもそも、**アート体験は体験自体にプラスの価値がある**……と、私は考えています。だから、それ以外のことはすべて付随的なもの。意外なものや思いがけないものに、自分が意味や価値を見出せることは、人生にとって大事なことですから。

先生、私も行ってみます……！！

最終日

人生の本番としてのアート・後編

全員がアーティストになる時代

Miura LABO

1 アートを創作する意味を教えてください！

時間目

5日目では、アートを鑑賞する方法と初心者向けのおすすめアートをご紹介しました。最終日は、アートの創作について効用と方法をお知らせしていきます。

➡ 人生100年時代を楽しく生きるための趣味

先生、いよいよ今日が最終日ですね。アートに対して、いろいろ触れてみたいなぁと思うようになってきました。前回はアート鑑賞についてお話を伺いましたが、創作のほうについてはどうお考えですか？

最近はよく「人生100年時代」と言われていて、長い老後をどう過ごすか、もしくはAIが人間の生産性を飛躍的に上げて時短が進んだときに空き時間をどう使うか、そんなことを考えている人が増えていますよね。
そんなときに**アート創作っていい趣味**だと思うんですよ。いくらゆっくりしたいといっても、人間だったら絶対に何かやりたくなるものですよ。

私が音楽制作を始めた動機も、ちょっとした空き時間で、自宅で1人でできる趣味を持ちたいということと、

一生続けられる趣味を持ちたい、だったんですよ。**創作だと終わりがないのでいいかなぁ**、と。

 ずっと続けられますからね。

 私の父親はいま70歳ですが、突然バイオリンをはじめて驚いています。ずいぶんハードルの高い楽器を選んだな、と思って（笑）。

 特に男性は何十年もバリバリ働いて、いきなりアウトプットをやめるって、無理なんじゃないかなと思いますね。

➡ 鑑賞は経験値、創作は勢いが必要

 ただ、絵画や音楽のようなアートになってくると、年を取るほど技術の習得に時間がかかるし、すでに技術を持っている人でも、どうしても表現力が落ちちゃうんですよね……。特に、プロを目指すレベルの場合はなかなか厳しい。

そういうものですか？

 はい。円熟した味はあっても、若いときの切れ味はなくなってしまう。ほぼどんなジャンルでも基本的に若いときの作品のほうがすばらしいんですよ。
なぜかというと、アートってある程度バイアスがかかって偏っているほうがパンチがあるから。

 ああ、勢いがあるんですね。

 鑑賞の視点で言うと、若いアーティストのバイアスを取り除いて見るためにも「経験」と「知識」は必要なんです。だから、**年を重ねて、感性を磨いてきた人のほうが「見る目」はある**。

 # でしたよね！（ドヤ顔）

 ただね、**つくるほうはバイアスのかかったままで「ガーン」とやってしまったほうが迫力がある**。それは画家でも、小説家でも、音楽家でも同じですけど。だからアート創作の趣味を持つなら、リタイアするまで待たずして、できるだけ若いうちからやったほうがいいと思いますよ。まぁ、もちろん、**プロを目指す方でなければ、「創作を楽しむ」が第一**でしょうね！

現役の人たちも、忙しさにかまけて「リタイア後に……」と言っている場合じゃないですね〜。時間を見つけて創作活動をしないと！

➡ 男も女も「何かをつくりたい！」

ところで、人間って、基本的に何かを創作したいものなんですか？

ベースにあるのは **「自己表現欲求」** です。
男性の場合はそれが「権力欲」であったり、女性の場合はコミュニティのなかで「いい評判を得る」という「承認欲求」であったりするワケですが、「何かをつくりたい！」「表現したい！」気持ちは男女変わりません。

男女差がないんですね。

いずれにせよ昔は作品１つ世の中に出すにもお金がかかった。でも、いまは**コストをかけなくても、誰でも自己表現ができる時代**ですからね。

たしかに。文章もブログや電子書籍があるし、画家だってきっと Instagram を使っているだろうし。

そうなんですよ。カルチャーセンターで講師をしたときなど痛感しますが……高齢男性の表現欲求、なかなかすごいものがありますよ。講座の内容とはまったく関係の

205

ない質問をして、自分の知識を語り出したり……（苦笑）。

そういう人はYouTubeの使い方を学んだほうがいいかもしれませんねぇ（笑）。

冗談じゃなくそう思ったりしますよね。人生の大先輩の知見に触れたい若い人もいるでしょうから。そういう方にはやっぱりエッセイや自伝みたいな創作を勧めたいんですけどね。文章は、誰でもある程度は書けるので。

ちなみに、男女で創作能力に差はあるんですか？

遺伝的な能力差はないと思います。だって親から半分ずつ遺伝子を受け継ぐわけですから、アートの才能が男にいくか女にいくかは同じ確率のはずです。だけどほかの行動パターン、もしくは男性ホルモンとか女性ホルモンなどとの組み合わせ次第で、遺伝子の使われ方が男女で違ってくるんじゃないかな。

ああ、たしかに男性の場合、集中しすぎる「過集中」の人が多いかもしれませんね……。

逆に女性は注意散漫の人が多い。交通死亡事故の原因も、ドライバーの性別で統計をとると、男性はスピードの出し過ぎ、女性は信号無視とわき見運転が多いというデータもあるとか。

だから同じ遺伝子でも入る身体によって風向きを変えるということはあるけど、もともとのクリエイティブの

能力に男女差はないと思いますよ。

➡「発言小町」がまったく新しい表現の場に

先生は定年退職後、どんなアート活動をするご予定ですか？

私、もともと、学術書よりも先に小説を出す機会に恵まれた人間なので、またそっちに戻ろうかなぁと思っています。

そうなんですね。小説を書くのはやっぱり楽しいものですか？

そうねぇ……やっぱり、**圧倒的に自由**。いかようにでも自分の情感を表現できるから。それがアート創作の最大の魅力じゃないですか。

私も文章を書きますが、自由度は高くないので、ちょっとうらやましいかも（笑）。

論文や実用書やエッセイだと自分の声の表明になるのでいろいろ制約はあるけど、登場人物の口を借りてしまえばいくらでも自由じゃないですか。私は楽器は演奏

できないけど、**小説は自己表現の場として
は最高にいい！！**

 ふ〜ん、私も挑戦してみようかなぁ……。

 お金になりませんよ（爆）。

 ハハ……そう甘くないっスよね（汗）。

 そうそう。最近は小説と逆の傾向が広まってますよね。

 ## 逆？？？？？

 つまり、捏造（ねつぞう）なのにそれをあたかも肉声のように表現する。たとえば相談を投稿するサイトの「発言小町（はつげんこまち）」なんかに投稿されている質問はフィクションがけっこう多いらしいですよね。「釣り師（つりし）」が自分の創作意欲を満たすために創作しているとか。

 ## まさかの「発言小町」推し！ いや、でも、わかります。あれ、意外と面白いですよね（笑）。

 面白いんですよ。私からすると、**あれも立派なアート**。ただ、見かけは事実なので、フィクションとして発表する作品よりも強い反応が来る。だからつくり手も病みつきになってしまうんじゃないかと思うんですよね。
「ちょっと文章で創作を始めてみたいな〜」という人にはピッタリかもしれません。

→ TwitterやInstagramがアートになる時代

 そう考えると、いま純粋にアートを鑑賞するだけの人って少ないかもしれない。**多くの人はネット上で人の目を集めるためになんらかの工夫をしていますけど、それはもう「創作活動」になるんじゃないかと。**

 たしかに！　Instagramとか、若い人に大人気のTikTokなんてまさに自分を表現した「アート」ですもんね。素顔も誰だかわからないくらい、フィルターをバンバンかけて、演出にこだわって。そういう意味では、デジタルネイティブの若い人のほうが創作意欲が高いかもしれないなぁ。

 テクノロジーを使えば誰でもアーティストになれる最高の時代なんですよ。Twitterだってアートですからね。

 Twitterがアートかぁ。そう思ってやっている人は少ないだろうな（笑）。

投稿者としては完全にアーティストの気分で、しかも自分の正体がわかってもらえなくてもいい。ネットの世界で「ネット上の私」が流通していれば満足できる。自分のアバター（分身）をつくって、一生関わることのない人達の賞賛を浴び、もてはやされることがうれしいわけでしょう。これはすごく新しい現象ですよね。

新しい時代の表現ですよね。**うちの娘もいつかやるのかなぁ……（ソワソワ）。**

娘さんも立派なアーティストになるかもしれませんね〜。いま SNS で表現している人たちも、実質的には「自分が書いたつぶやきが人の目にどう映るのか？」「どういう反応をもらえるか？」という気持ちでしょうから、**本人が意識していないだけで、アーティストが創作活動をするときと同じ気持ち**でやっていますよね。

やはりインターネットの影響は大きいですか？

大きいですよ。21 世紀からはインターネットの発達によって人間の活動全般のなかからアートが創発してい

くようになりましたよね。**トップダウンでつくってきたのがいままでのアートだけど、21世紀の芸術はそうではない**気がするんです。

……というと？

たとえば YouTube を見ていても、何気なくスマホで撮ったようなものがパッと拡散するようなことがよく起きますよね。本人は工夫していないかもしれないけど、数ある投稿のなかに偶然にできたアート的にすばらしいものがあったりする。それは映画でもないし、アートと認定するかという問題もあるけれども、少なくとも「従来型のアート」によく似たものがそこでできるということですね。

だからアーティストは今度、だんだん「**断片化**」していくというか、「**フラグメント**」になっていく感じがしますよね。

個々に発信して、個々に評価される……ああ、それ、なんとなくわかる気がします。

大芸術をドーンとつくって人が群がる構図は完全にはなくならないだろうけど、**アートの主流は市民の1人ひとりが発信して、個々別々に並列的に消費されていく**。そんな社会になっていくでしょうね。

音楽制作の趣味を始めて実感しているんですけど、コンピューターの進化が半端じゃないんですよね。
20年前なら何千万円もするようなプロ用機材がソフトで再現されていたり、楽器が弾けなくても最低限の音楽理論を知っていれば普通に曲がつくれてしまって。

私も作曲の現場を見たことあるけど、もはやベートーヴェンの時代のように「霊感」でメロディを獲得する時代じゃないんですよね。メロディをつくる才能がなくても、楽器を演奏する技術がなくても、ワープロ感覚で音符を変えたりすればそれでメロディらしきものができて、気に入るまでやればいい。**感受性さえあれば、誰でも作曲ができてしまう。**

う〜ん、たしかにできるんですよね。TEDである音楽家が「作曲とは好きか嫌いかの判断の繰り返しにすぎない」って言っていたんですけど、いまは文字通りそうなっているんですよね。

技術の習得だけで頓挫してしまったらもったいない時代ですね。

そうなんです。隣の家から小さい子どもがずっとピアノの練習曲を弾いているのが聞こえてくるんですけど、なんだか可哀想になってきて……。**「おじさんは全然**

ピアノが弾けないけど作曲してますよー！ 楽しいですよー！」と伝えたくて仕方がない（笑）。

 これからは個人の脳に始めから組み込まれた才能だけに依存するのではなく、いかにコンピューターで人間の能力をエンハンス（拡張）するかの時代ですから。
そうなると、**創作でものを言うのは「鑑賞能力」だったり、「総合プロデュース力」だったりするワケ**ですね。

 いまの私も、鑑賞能力を高めるためにあらゆる音楽を聴くようになりまして……。すると、楽器による音域の組み合わせとか、音響のかけ方とか、コード進行とか、半年前までは意識したことがなかったことに意識が向くようになったんです。

 へぇ、素晴らしいじゃないですか！

 あ、いや……（照）。だからですかね、「鑑賞能力を高めたい！」「アートに詳しくなりたい！」なら、自分で実際に創作してみるのがいちばん早道なんじゃないか？って感じていて。そのほうが早く「微差」に気づけるようになるかも、と思ったんです。

 そうでしょうね。

たとえばビジネスでクリエイティブな能力がある人も同じじゃないですか？　日頃から身の回りにある、あらゆる情報にセンサーを立てて「鑑賞能力」を高めているから、仕事でアイデアが必要になったときも、「あの要素とあの要素を組み合わせたらいいかも」といった拡散的な思考ができるのだと思います。

➡ 制約こそ、創造性を高める最強の道具

 だから使えるものはどんどん自由に使っていけばいいんですけど、実は**アートには逆の面もある**んですよ。

 逆？

 つまり、**「新しさは、メディアを限定するから生じる」**という面はあるんです。アメリカの小説家アーネスト・ヘミングウェイも「制約は創造性を高める」という有名な言葉を残していますし。

？？？？？

 たとえば小説を書くなら「言葉だけ」で勝負しないと。挿絵などに頼らないで読者を感動させないといけませんよね。

 ああ、そういうことですね。

 それってアーティストにとっての基本姿勢なんです。専門用語だと**「媒体固有性」**とか**「美的否定」**と言いますけど、あえて手段を限定する。彫刻だったら色彩も動きも使わない。立体性と質感だけで勝負する、みたいなね。

 前に説明していただいた、**アートの純度**の話？

 それです。**手段が限定されたなかで勝負しているから価値が高い**と見なされるんです。

たとえば人がものを投げるときの体の動きを作品として表現するときに、彫刻に色を塗って腕にモーターを仕込んでしまったらつまらない。喜ぶのは子どもくらいでしょうね。

 見たまま、ですもんね。面白味がない。

 絵にしても、二次元だから面白いのであって「出っ張ったっていいじゃない」と飛び出る絵本みたいなことをやり始めると、**わかりやすくなるけど、アートとしてはつまらなくなる。**

純度……先生、すみません。
この本、イラストだらけなん
ですけど（笑）。

（先生、すみません……）

大丈夫ですよ（笑）。この本は実用書で「読みやすさ」
「わかりすさ」が価値だから、イラストがあったほうが
いいんですよ。アートの純度低めでOK。

（ホッ……）

でも、小説に挿絵がないのはそういう理由。**挿絵を入
れた瞬間、アートとしての価値が下がるから**で
す。
「アートには、なんでも使えるよ！」という視点では、
純度が落ちる可能性もあるので、前提のルールは注意し
たい。

たしかにビジネスのアイデアだって、「予算はいくらで
もあるよ」「湯水のように使ってね♪」と言われたらあ
まり知恵を絞らないかもしれませんね……。
ベンチャーの起業家に話を聞くと、大企業と比べたら**お
金も人も時間もないのは不安だけど、だからこそ死ぬ気
で考える**という方が多いです。

そうでしょう。特にいまは情報時代で、コンピューター
が便利になって、人間1人でできることが本当に増え

た。そんな時代だからこそ、クリエイティブな活動をしたい人は「あえてメディアを制限する」ということを再認識して創作活動をすることが重要かもしれませんね。

なるほど……よーし、私も自分に制限を設けて、**創作をしていきます！！！**
もちろん、鑑賞のほうもさっそく！　近くの美術館を訪ね歩いてみなきゃなぁ。こんな機会がなければ、足を運ぶこともなかったと思います。
ありがとうございました！

ふふふ、参考になったのならよかった！　じゃ、私は論文の講想をまとめるために、これから地下室で瞑想しなきゃならないので、これで……。

 え……っ！？（まさか、あのマニアックなノイズミュージックを聴きながら……？）

あとがき

　この本は「アートについて語る本」であって、「アートそのもの」ではありません。それでも、アートの手法が当たり前のように使われています。

　私が語った音声の記録をもとに、ライターの郷さんが自由に（ホント自由に）再構成しながら原稿を書く。そこへ私が手を入れる。これは、楽譜をもとに演奏が行われ、その音波がスタジオで微調整されるプロセスと同じです。しかも、音楽 CD の制作に比べていっそう複雑なことに、楽譜のありかが多重になっているのです。

　私の言葉が楽譜で、テープ起こしが演奏。そう見るのが自然ですが、それ以前に、ライター＋編集者が現場で私に投げかける質問こそが楽譜だった、と考えることもできます。2 人の質問を、私が美学・哲学という楽器によって演奏（回答）する。質問が楽譜だなんて、妙だと感じるかもしれませんが、実際に現代音楽では、楽譜は五線譜だけではありません。音符ならぬ絵画や図形が書かれた「図形楽譜」をもとに、演奏者が自由な解釈で演奏する作品がたくさんあります。質問に答えるというのは、謎めいた形を解釈して音に変換する演奏家と同じことをしていた、と考えられるのです。

　その私の演奏した音声が、次に第二段階の楽譜として使われて、郷さんが文章で演奏する。それをさらに第三段階の楽譜にして、私が文章を再演奏した、という具合です。

　お互い、楽譜を自由に解釈していますから、「これ、しゃべったこととズレてるな……。でもこういう見方もできないワケじゃないし、生かすか」なんて具合に、もともと誰も意図して

いなかった意味や情報があちこちに点滅したりしています。

　文章の構造にも、アートのノリが使われました。ボケとツッコミの掛け合いですね。ただし漫才の台本ではないので、どちらがボケでどちらがツッコミか、役割が意識されてはいません。

　アートについてよく知らない郷さんのボケに、私が「いやいや」とツッコンでいるとも見えるし、浮世離れボケした私に、郷さんが「マジっすか」と常識目線のツッコミを入れているようにも見える。「無知ボケ←→学識ツッコミ」か、「非常識ボケ←→常識ツッコミ」か。はたまた「無知 vs 非常識のボケ比べ」か、「学問 vs 常識のツッコミあい」か。まるで「ルビンの壺」のように、見ようによって地と図がめまぐるしく反転する仕組みが自然と出来上がっています。

（黒い背景に白い壺をツッコンだのか、黒い顔を両側から白い空間にツッコンだのか）

　この「ダブルボケ × ダブルツッコミ」の構成は、対話形式ならどんな本にも成り立ちそうではありますね。でも、テーマが「アート」だからこそ、ボケ・ツッコミ反転メカニズムが自作自演のドツボにはまった感じがします。というのも、アートとい

うもの自体が、意識高い系の境地から人間を批評する「上から目線」と、生身の地上レベルでのたうち回る「俗情目線」の複眼で成り立っているからです。

　立場の違う2者がアートについて語り合うだけで、ツッコミどころがくるくる入れ替わって、意味を定めがたい装置（つまりアート作品）と同じ色合いをまとうことになるわけですね。

　……ということに、私自身この本を読み返して気がつきました。

　4日目2時間目で触れた「4分33秒」がサブカル界隈でさかんにネタ化されているのも（涼宮ハルヒシリーズにも登場しましたし！）、音と無音、どっちが本体でどっちが背景？……なノリのシンプルな仕掛けが、現代人の心にひそむアート魂をいたく刺激するからでしょう。

「常識をブチ壊す工夫」という、本文冒頭で述べたアートの本性は、常識と非常識が入れ替わりがちな現代社会への適応力そのものと言えます。法律や良識をひっくり返したアートの実例は数え切れません。たとえば、いつのまにかすっかり大芸術家として認められ始めている〈バンクシー〉のストリートアートを考えてみてください。

　あれは町の落書きですから、軽犯罪法違反のほか、器物損壊罪、建造物等損壊罪などにも問われうる、立派な犯罪です。でも、いまや世界各地でありがたく保存され、公開展示されたりしている。日本でも、バンクシーの作品らしき落書きが都庁のロビーで公開展示されましたね。

　落書きという軽い犯罪だから、アートであってもべつにインパクトは強くないでしょうか。しかし軽犯罪のアート化が進むのと並行して、自殺、安楽死、中絶、死刑執行などの合法路線から「死のアート化、死の上演文化」が世に馴染んできたとす

ればどうでしょう？　二路線が合流して、路上死・街頭殺人パフォーマンスの展覧会……なんて物騒なものが公認されないとも限りません。国家が戦争で人を殺していた時代が過ぎ去るのと入れ替わりに、ゲリラアートが公然と命を揺さぶる時代へ……。

これは十分ありうることです。非現実のピュアなボケにふけっていた「芸術」から、社会と相互作用してゆくツッコミ優先型「アート」へ、という今日の大きな傾向からすれば……。

もちろん自己ツッコミが売りのアートのこと、「死とは何か、殺すとはどういうことか、こんなものがアートであっていいのか？」と覚醒を促す方向へと深まっていくはずです。アーチストへの批判、審判、処罰、便乗などが一緒にアート化されたりもするでしょう。

……と、いうような近未来アートの兆候を、進化美学のあたりで長く語ろうとも思ったのですが、ものには限度というものがありますから……。

まずは、法律や道徳の枠の中、普通の生活の中で、アートというものを楽しみ、関わっていき、利用する。そういう穏やかな「アートへの／からの／ならではの学び」が先でしょうね。日々の道徳や保健や経済など〈効率と福祉〉の背景に、「アート」という異次元のオブジェがどのように生産的な輪郭を刻み込めるか。その感覚を応用する手がかりのようなものを、本書が提供できていれば幸いです。

2020 年 4 月
三浦 俊彦

【著者紹介】

三浦 俊彦（みうら・としひこ）

●――1959年生まれ。東京大学文学部美学芸術学専修課程卒業。現在、東京大学文学部教授。専門は美学・形而上学。

●――大学で教えながら小説と哲学書を出版し、匿名でさまざまな芸術活動を行う。

●――美術、音楽、文学の純粋芸術から映画、アニメ、格闘技、パラフィリアに至るまで、「アート」に関係するすべてを愛し、哲学的な視点で考察してきた「アートの哲人」。

●――著書に『M色のS景』（河出書房新社）、『虚構世界の存在論』（勁草書房）、『環境音楽入悶』（白水社）、『シンクロナイズド・』（岩波書店）、『論理パラドクス――論証力を磨く99問』（二見書房）、『論理学入門』（NHK出版）、『下半身の論理学』（青土社）、『エンドレスエイトの驚愕――ハルヒ@人間原理を考える』（春秋社）など。

【聞き手】

郷 和貴（ごう・かずき）

●――1976年生まれ。根っからの文系だがアートに興味はなく、美術館はもっぱらデート用途。育児をしながら月に1冊本を書くブックライターとして活躍中。

●――著書に『東大の先生！文系の私に超わかりやすく数学を教えてください！』（聞き手。西成活裕著。小社刊）、『プログラミングをわが子に教えられるようになる本』（フォレスト出版）がある。

東大の先生！
超わかりやすくビジネスに効くアートを教えてください！

2020年4月13日　第1刷発行

著　者――三浦　俊彦
発行者――齊藤　龍男
発行所――株式会社かんき出版
　　　　東京都千代田区麹町4-1-4 西脇ビル　〒102-0083
　　　　電話　営業部：03（3262）8011㈹　編集部：03（3262）8012㈹
　　　　FAX　03（3234）4421　　　　　　振替　00100-2-62304
　　　　http://www.kanki-pub.co.jp/
印刷所――新津印刷株式会社

乱丁・落丁本はお取り替えいたします。購入した書店名を明記して、小社へお送りください。ただし、古書店で購入された場合は、お取り替えできません。
本書の一部・もしくは全部の無断転載・複製複写、デジタルデータ化、放送、データ配信などをすることは、法律で認められた場合を除いて、著作権の侵害となります。
©Toshihiko Miura 2020 Printed in JAPAN　ISBN978-4-7612-7489-4 C0030

‖ 好評発売中！ ‖

東大の先生！
文系の私に超わかりやすく
数学を教えてください！

西成活裕　著
聞き手　郷和貴

定価：本体 1500 円＋税

R16
指定

中学生は決して読まないでください！！
5〜6 時間で中学 3 年分の数学が終わってしまう
「禁断の書」ついに発刊！